三木清文芸批評集

miki kiyoshi
三木清
大澤聡・編

講談社文芸文庫

JN179433

目次

I 批評論

Ⅱ　文学論

Ⅲ 状況論

三木清文芸批評集

I 批評論

批評と論戦

以前はよくこんなことが云われたようだ、日本では諸外国の如く論戦というものがない、これが日本の学問の振わない大きな理由のひとつである。しかるに時世が変って、近年は日本でもなかなか盛んに論戦が行われるようになって来た。新着の『中央公論』を開くとマルクス陣営攻防戦雑観というのが載っている。やはり同じ雑誌であったかと思う、いつぞやも学界論戦観戦記といったものが出ていたように記憶する。こうしてみると論戦というものはよほど人々の興味を惹くものであるらしい。論戦物であれば、その質のことなどはあまり問題にせずに、大抵の雑誌で歓迎してくれるのである。なにしろ論戦物は賑かでいい。そこでジャーナリズムに刺戟されて、またジャーナリズムから要求されて、論戦はひとつの現象となっている、ここにこの現象について少しばかり反省してみよう。

先ず、批評と論戦とが区別される。両者の区別は二つの点に現われている。第一に批評が一方的であるのに対して、論戦は双方的である。第二に批評が何等かの意味、何等かの程度で相手を認めようとするのに反して、論戦はどこまでも相手を排撃しようとする。批評と論戦とはこのように区別されるけれども、現実に於ては多くの場合二つのものは混合されるか或いは混同されるかしている。

批評は相手の勝れたところを認めることをつねに怠ってはならない。相手のもっている好いものをてんで問題にしないような批評は批評ではなくて論戦なのである。もし相手が認めらるべき何等の勝れたものももっていない場合には、本当の批評家は黙殺することを知っている。しかし批評の対象にして完全なものでない限り、批評はそれの足りない点、間違っている点などを指摘せざるを得ない。この意味でどのような批評も論戦的要素を含んでいる。このときこのように指摘された点を批評された者が承認せず、却ってそれに関して批評者の間違っていることを反対に指摘することがある。そうすれば批評は一方的でなくなり論戦の形をとって来る。これが論戦でなくして相互批評となるためには、二つの前提が必要であるようである。第一に批評者は相手の足りない点、間違っている点を指摘することだけにとどまらないで、進んでそれについて自己の積極的なものを示さなければならない。第二に批評を受けた者は傲慢と片意地とを棄てて批評者と一緒に共通の真理に達しようとする愛と寛大とをもたなければならない。尤もこのような相互批評が成立つためには、両者が共通の地盤乃至立場の上に立っていることが必要であることは云うまでもなかろう。

単に相互批評といわず、一般に批評は何等か相手と共通な地盤または立場の上に立つことによってのみ可能である。そうでない場合、批評は一方的なると双方的なるとを問わず、批評でなくして論戦なのである。それだから論戦というのは自分の体系をもって相手の体系を排撃することである。このとき両者が共にしっかりした体系の所有者であるならば、論戦は実に堂々としており、まことに華かであり、そしてまた有益であることを失わない。けれども論戦は結果に達しはしない。両者はもともと異った地盤に立ち、異った立場から出発しているからである。しかし論戦は当事者たちにとっては甚だ有益である。彼等はそれによって自己の体系をそれぞれ一層発展させることが出来る。このとき勝負を決定してくれるものは究極は歴史である。

最上の批評家というのは、相手を批評しながら、相手を止揚して自己の積極的なものをぐんぐん展開してゆく人である。シェリングに対する『精神の現象学』に於けるヘーゲルの如きがそうであった。フォイエルバッハに対する『ドイッチェ・イデオロギー』に於けるマルクスの如きもまたそうであった。このような批評家の目的とするところは相手を止揚することにあるのだから、彼等は既に何事かを相手から学んでいるのであり、取り入れているのである。学ぶべき、取り入れるべき何物ももっていないような相手に対して、最上の批評家は批評を加えることを最初から試みないであろう。それは一般に無駄なことだ。

思想史上の偉大な人々は最上の批評家であったと云われることが出来る。けれども彼等は必ずしも論戦家ではなかった。いったい論戦というものは、凡ての戦争と同じように、好んでなすべきものでなく、やむを得ずしてなさるべきものかも知れない。論戦は学問上の目的からというよりも、却って他の必要、特に政治上、政策上の必要からなされるのである。このような論戦はもちろん避けてはならず、時としては進んで勇敢になされなければならぬ。我々は論戦の政治的性質に十分に注意しなければならない。

我々は批評に答え、論戦に応ずる義務をもっているのであるか。一般的に云えば、我々は批評を論戦に変えることを慎しまなければいけない。これが原則である。それだから相手の批評が論戦的性質を帯びているときには、我々はそれを相互批評へ誘導するようにするがよい。それだからまた相手が自分は批評しているのだと思いながらその実は論戦しているに過ぎない場合には、なるべく黙殺するがよい。このとき論戦がなお有意味であるとすれば、それは相手が彼自身しっかりした体系をもっているときであり、その場合にも論戦によって勝負が決せられると思ってはならない。むしろ論戦は自分の体系を確立し、発展させるために、或いは問題の所在をはっきりするためになさるべきであり、そしてそれは第三者が我々論戦者の思想の対立をやがて統一し、綜合してくれる日のあることを期待してなさるべきであろう。相手が自分自身のしっかりしたものを何等もっていないような場合には、論戦は避けてしまうことにするか、それともそれを批評の意味に変えるようにするがよい、言い換えれば、相手の論戦を論戦として直接に取り上げないで、しかもそれを契機として自分の思想を積極的にぐんぐん展開し、発展させてゆくことにするのが最もよいと思う。

批評と論戦との混同、そこに現代のジャーナリズムがあり、現代の政治的混乱の表徴がある。批評と論戦とを区別することは科学の進歩のためにも、政治の発展のためにも要求されているのである。

（一九三〇年八月）

ジャーナリストとエンサイクロペディスト

ジャーナリズムに関する問題は殆ど論じ尽されてしまったかのように見えるに拘らず、なおジャーナリストの問題が残っているように思われる。ジャーナリストはイデオロギストとして何であるか、という問はまだ十分に答えられていない。私はこの問に答えて、ジャーナリストとは先ずエンサイクロペディストである、と云おうと思う。

歴史上最も有名なエンサイクロペディアと云えば、十八世紀に於けるフランスのアンシクロペディである。その最後の巻の出たのは一七七二年であり、目次と補遺とが完成されたのは一七八〇年のことであった。そして一七八九年がフランス大革命の年であったことを誰でも知っている。このアンシクロペディの最初の目論見は唯物論者であったディドゥロから来ている。彼は、まだ名が聞えていなかったので、科学アカデミーの会員で既に名声のあった数学者ダランベールと協同した。この二人の指導編輯のもとに初めの二巻が現われた後、十八ケ月の間中絶され、再び着手されたが、アンシクロペディの出版は今度は議会によって阻止された。ダランベールは驚き恐れ、遂にこの仕事から退いた。それがとにかく完結することになったのは、専らディドゥロの、迫害と困難の三十年間に亙って変ることなき、善き意志と忍耐とによるのである。彼の献身的行為は称讃されてよい。このアンシクロペディに協力した人々は普通にアンシクロペディストと呼ばれている。ヴォルテール、モンテスキュー、ビュッフォン、コンジヤック、エルヴェチウス、チュルゴなどは我々にもよく知られた名前である。

ひとはこのアンシクロペディが何等か今日の大英百科辞書やブロックハウスの百科辞典に類するものであった、と想像してはならない。そこでは公平な、無理のない定義や学説が求められたのではない。博識ではなく、批判がそれの内容であった、それは過去の精神、信仰、制度に対して据えつけられた抵抗し難い大機械であった。理性の進歩によって人類社会を改善せんとする熱烈な意図のもとに、一般人の関心する事柄についての伝統的な知識を破壊することがそれの目的であったのである。これまで真理として通用して来たものは悉く訂正され、新たに作り直される。百科辞書はこの場合ポレミックの堆積であり、また様々な題目についての随筆集でもあったのである。ヴォルテールはアンシクロペディを「大商店」と名付け、その執筆者たちを「番頭さん」と呼んだ。このヴォルテールがまたひとりで同じような調子の『哲学辞書』を書いているのは有名である。

百科辞書家の大部分は、その頭目ディドゥロを初めとして、当時の急進的乃至進歩的思想家であった。議会に於て彼等を告発した人は、彼等は「唯物論を支持し、宗教を破壊し、独立を勧説し、且風俗の堕落を養成するための結社」であると述べた。かのアンシクロペディは当時の急進的乃至進歩的イデオロギーの一大集成であったのである。今日歴史家はそれが一七八九年と如何なる関係にあり、一般に如何なる文化史的意義を担っていたかを誰も知っている。

我々の時代は固より十八世紀ではない。歴史的類推は誤謬を惹き起し易いものである。私は現在がエンサイクロペディアの時代であるかどうかをここで問題にしようとは思っていない。ロシヤで進行しつつあるプロレタリア百科辞書が十八世紀のアンシクロペディと全く性質を異にするものであることは云うまでもない。それにも拘らず、私は多くの意味に於て現代のジャーナリストをエンサイクロペディストとして特徴付けることが出来はしないかと思う。

日本の今日のジャーナリストの多くが進歩的乃至急進的思想家であることは、十八世紀の百科辞書家の場合と同様である。学説でなく批評が、叙述でなくポレミックがジャーナリストの生命である。論文が随筆的要素を含み、文学がイデオロギーによって占められるということも、二つの場合に於て似ている。現在の問題を問題にしながら、それを刻々の解決の必要に迫られている実際問題として取り上げるというよりも、寧ろそれを或る一般的なイデオロギーの問題の平面へまで持って来て取り扱うということも、二つの場合に於て同じである。ジャーナリストは実際家でもなく、また必ずしも実践的智慧に於て勝れている者でもない。

ジャーナリストをもって通俗化する人であるかのように定義する普通の見方は間違っている。従来の学問上の定義若くは通説を真理としてこれを通俗化するだけでは生きたジャーナリストでない。彼等は却ってそれを訂正し、作り直す人である。彼等の優秀な者は、十八世紀のアンシクロペディストがそうであったように、当代の立派な学者である。併し彼等は所謂学者ではない。彼等にとっては依然として、純粋に学究的な問題でなく、社会の日常の現実的な問題が関心の中心であり、そして彼等は多くの場合、社会の革新に対する熱意をさえ欠くものではない。ジャーナリストの本質は、学問を通俗化するところにあるのでなく新しいイデオロギーを代表し、独特の文体をもち、そして問題の或る特殊な取扱い方をするところにある。彼等は学者であるよりも、寧ろ広義に於ける文学者であり十八世紀の百科辞書家と同じく、文学史上に独自な位置を占むべきものである。今日のジャーナリストも、かのアンシクロペディストと同じく、或る特別な文学形態を生産しつつあるのであり、またそうすることを要求されているのではなかろうか。

ジャーナリストの問題の取扱い方の特殊性は彼等の活動の舞台であるものによっても制約されているであろう。彼等の発表機関である雑誌は、今日その大多数が月刊である。一ケ月の間隔のあるところでは、問題は真に実践的な立場から十分に取扱われることが出来ぬ。思想が現実的に実践的になって来るとき、ひとは日刊を要求するようになるであろう。現在普通の月刊雑誌に於ては、ジャーナリストは問題を多かれ少なかれその刻々の姿から離して或る一般的なイデオロギーの問題の平面まで持ち上げて論ずるようにせられているのである。外国の諸雑誌はこの頃、或るものは週刊に他のもの即ち学術雑誌は四季報または年報になって行く傾向を一般に示しつつある。併るに我が国に於ては大多数の学術雑誌が今なお月刊である。このことがまたそれの性質を制約して学術雑誌をジャーナリズム風にしている。ここには唯より拙劣な、悪質の、泥臭い野心をもったジャーナリズムがあるだけである。

「人間は欲求に充ちている、彼はそれを凡て満すことの出来る者のほか愛しない。」ジャーナリストはこの言葉を理解している。併し彼等はパスカルやモンテーニュなどの時代の「オネート・オム」即ち全面的な教養をもった普通人であろうとするのではない。或はまた彼等はゲーテの時代に於けるような「全人」の理想を掲げるものでもない。彼等は却ってまさにエンサイクロペディストである。彼等は個人の個人としての普遍的な、全体的な教養を要求するのでなく、あらゆる社会人の日常の啓蒙的な一般的な要求を満足させようとしているのである。

エンサイクロペディストは歴史的発展に於ける啓蒙時代に相応する種類の人間である。啓蒙時代というのは、社会的発展の過渡期に相応する文化形態に関係して名付けられる名前である。ギリシアの啓蒙時代に現われたソピストが既に或る意味でエンサイクロペディストであった。今日のジャーナリストはまさに啓蒙家である。併しこの場合啓蒙ということが、これまで通用して来た学問を唯通俗化するということでないのは勿論である。生きたジャーナリストはつねに新しいイデオロギーの代表者であるけれども彼等は何等かの学説体系を樹てようとか、自己の作品をいわば永遠に向って遺そうとか、などということを考えていない。この意味に於てもジャーナリストはエンサイクロペディストである。彼等の意義は唯社会的歴史的現実との関係に於てのみ評価さるべきである。言い換えれば、彼等の活動は「イデー」の方面からでなく「イデオロギー」の方面から見られねばならぬ。

今日ジャーナリストは、嘗てのアンシクロペディストの如く、保守的な反動的な人々によって甚だ嫌悪され、非難されている。これらの人々は恰もジャーナリズムが危険思想の製造場のように云う。併しジャーナリズムを必然的に作り出さねばならなかったもの、それはまさに資本主義ではなかったのか。それ故にこれらの人々のジャーナリズム攻撃は、若し自己斉合的であり、徹底的であることを欲するならば、必然的に資本主義そのものの攻撃にまで進んで行かなければならない。自己の味方ではないものを生産するに至るところに、資本主義の自己矛盾があり、そこにそれが次のものに推移せねばならぬ必然性の契機が含まれているのである。

新しい階級は、あらゆる他の場合に於てと同様に、ここでもまた単に否定にのみはたらかない。それはジャーナリズムを自己のうちに弁証法的な意味に於て止揚することを知っている。今プロレタリア・ジャーナリズムなる語が有意味的に用いられ得るか否かを問わない。併しひとは現在、新しい階級が如何に効果的にジャーナリズム的手段を使用しているかを知っている。この階級の発展と共にジャーナリズムがどのように変形されて行くか、そのとき今日のジャーナリストの形態がまたそれに伴ってどのように転化して行かねばならないか、そのときジャーナリストはなおエンサイクロペディストとして特徴付けられ得るか否か、これらの重要な問題について、今やジャーナリスト自身が最も真面目に考えてみるべき時である。（一九三一年五月）

評論と機智について

一

明治の偉大な啓蒙主義者福沢諭吉の有名な『学問のすすめ』の中には「演説の法を勧るの説」という一篇がある。また福沢全集緒言のうちには会議弁、明治七年六月七日集会の演説などという題目について解説が書かれている。「世の中に演説などは百千年来の慣習ならんと思う人もあるべきなれどもその演説は廿何年前の奇法にして当時これを実行せんとして様々に工夫したる吾々の苦労は自から容易ならず。」と福沢氏はその当時を回顧しつついっている。いま福沢氏のこれらの文章を読んでみると、演説という当時全く新しかった言葉の形式が、如何に新しい社会的政治的変化によって要求され、如何に新しいイデオロギーに相応して発達したかということが、誰にも容易に理解出来るのである。

言葉は、話される言葉も書かれる言葉も、人間自身と同じように生き物だ。言葉は社会と同じく絶えず発展しつつある。ただに新しい単語が作られ、移入されるというのみでない、旧来の言葉はいつのまにか新しい意味に転化し、また新しい語法、文体などが時と共に形成されてゆく。そしてこういう生きた言葉はつねに社会的政治的に規定される方面をもっているのである。今日の文法学者は普通このような生きた言葉をその現実性において研究しない。修辞学は作文の教室に押し込められ、形式的美的な見地から言葉を配列し整理する方法となっている。

元来レトリックはギリシアにおいて発達した学問であり、その発達が当時、特にいわゆるギリシア啓蒙時代の社会的政治的状態によって規定されていたことはいうまでもない。この場合レトリックは過去の書かれた文章を研究したのでなく、主として現在の話される言葉を対象とした。それは言葉をもともと生きた社会的な存在として捉え、従って言葉を話し手及び聞き手の現実的な心理、社会的位置、ならびにそれが話される具体的な状況などとの生ける聯関において研究したのであった。それだからレトリックは元来雄弁術などという抽象的なものでなく、現実的な人間学を基礎としたところの、社会的存在としての言葉の研究であったのである。

我々は今日新たなる啓蒙時代を経過しつつあるかの如く見える。このとき言葉の社会的、政治的性格の研究としての新たなるレトリックの研究が必要であるかのように思われる。この研究はもちろん古いレトリックが主として実用的目的のものであったに反し、十分科学的でなければならない。新たなレトリックはまた、古いレトリックが主として話される言葉を取扱ったのと異なり、同時に書かれる言葉を研究しなければならない。なぜなら現代において、印刷術の普及、ジャーナリズムの発達などのために、書かれる言葉は極めて重要な意味を有するに至ったからである。実に今日「人間とは新聞を読む動物である。」と定義され得るほどである。

二

評論は現代の文章の主要な形態である。ジャーナリスティックな文章が評論的であるのはいうまでもなく、アカデミックな文章ですらが近時次第に評論的性格を帯びて来ているように見える。評論は啓蒙時代において支配的な文章の形態である。なぜなら啓蒙ということは、単に従来の文化が低い社会層にまで普及されることを意味するのでなく、却って社会の転形期に際し、新しいイデオロギーが従来のイデオロギーに対して対立的に、批判的に、生産され、主張され、伝播されることを意味するからである。

ところで近時評論に、ジャーナリスティックな評論はもとより、従来アカデミックであったところの評論にまで軽いウィット或いは皮肉を含んだ論風が入り込んで来たといわれている。これは何を意味するであろうか。

ウィット或いは皮肉は啓蒙時代の文章と必然的な関聯をもっているように見える。この時代には二つのイデオロギーが対立しているのがつねであり、両者は全然性質を異にし、その間には共通の前提、共通の地盤が欠けていると思われる。然るに共通の前提、共通の地盤の欠けているところでは、ひとは純粋に理論的に、どこまでも論理を辿って相争うことが出来ぬ、議論をしてみても埒があかない。そこで我々はウィットや皮肉で片附けたくなる。とても度し難いな、という気持がついウィットとなり、皮肉となって現われる。イデオロギーにおける対立が、単にイデオロギーの内部にとどまるものでなく、社会的現実的な対立に根差すと考える者にとっては、こうなるのは当然であるように見える。

或いはまたこういう時代には新しい批判的なイデオロギーは弾圧され、禁止された意識である。ひとはそれをもって公然と論評する自由を有しない。禁圧されたイデオロギーはその理論的批判をウィットや皮肉によって代らしめねばならなくされる。ヨーロッパにおけるかの啓蒙時代にあって教会や宗教に対する批判が多くの場合このような形式をとった。これは王侯や貴族の生活を動物のお伽噺に寓して諷刺したのと類を同じくするだろう。実際、十七八世紀のいわゆる啓蒙時代はウィットや皮肉、ないし諷刺の模範的な評論文学の生産された時代であった。我々は再びそういう時代に際会しているのだろうか。

ここに少くとも或る重大な制限が認められねばならぬ。周知の如く、かの啓蒙時代を特色付けたのは主知主義であった。そしてウィットまたは皮肉は元来知的なものであり、従ってそれはかの時代の主知主義的思想と一致した言葉の形態であった。例えば長谷川如是閑氏が以前『我等』に書かれ『歴史を捻じる』という本にまとめられている諸文章は、ウイット、皮肉、諷刺においてすぐれたものである。長谷川氏はめずらしく知的な人であり、まさにこの人にしてこの文章が書けるといえよう。それは実に面白い。しかしひとはそれが何となく我々の時代のものではないということを今日感じないであろうか。そこに盛られている思想の多くは反ブルジョワ的のものでさえある。然るにそれが何となく古く感ぜられるのは何故であろうか。我々の時代は、ひとつの啓蒙時代であるとしても、そのイデオロギーは主知主義的であり得ない。そこでまたウィット、皮肉、諷刺等々のものは、ブルジョワ啓蒙時代においてのように、我々の時代の言葉の優越な形式ではあり得ない。むしろそういう言葉の形式は今日、新しいイデオロギーの発展を何等かの程度で妨害することとなっているのである。

三

今日ウィット或いは皮肉は悪用されつつあるように見える。飽くまで理論的に、論理を辿って議論する余地が十分ある場合に、恰もそこには議論するための共通の前提、共通の地盤が欠けているかのように見せかけるべく、ひとはウィットや皮肉を持ち出す。然し理論の発展のためには、一見このような前提及び地盤の欠けているように見える場合にも、なおこれが実際に存しないか否かを反省してみることが大切なのではなかろうか。そしてどのような場合にもかかる前提と地盤とは究極において欠けていないはずである。即ち現実の事実はいつでもかかる前提と地盤とであることが出来、またあるべきはずだからである。それ故にウィットや皮肉をもってのぞむということは、その人にとって理論がもはや現実との生ける接触をもたず、却って一のドグマとして固定化して存するということに関係する場合が少くはない。

実際、今日ウィット、皮肉を含んだ論風が行われるということは、理論家たちの理論がそれぞれ硬結して来たということの徴候であるように見える。お互いにもう同じような理論を繰り返すことに飽きた。読者はなおさらである。そこで彼等は原理的なものの代りに特性的なものを求める。こういう場合ウィットや皮肉は最も都合のよいものであろう。このような状態が発生するとき、今度はそれを利用して、ひとは自己の無理論をウィットや皮肉によって公然と償うことが出来るようになる。最近、直木三十五氏の期限付ファシズム宣言が一部の読者の喝采を博したが如きはその例であろう。

我々はもちろん理論の薬味としての皮肉を却けない。心のほがらかさの現われとしてのウィットを好み、溢るる情熱のほどばしりとしての皮肉やウィットを愛する。けれどもそれらは特性的なものと結び付き、原理的なものはそれらによって表わされ得ない。ウィットは智的なものであり、そして智的はニヒリスティックとなり易い傾向をもっている。我々はウィットや皮肉に充ちた論風がインテリゲンチャの心のうちに巣くいたがる智的ニヒリズムに遂には通ずることになりはしないかを懸念せざるを得ないのである。ウィットは元来智的なものとして非実践的な性格をもっている。それは実践からいつでも何等かの距離を保っていようとする心の現われでさえある。それはあらゆる熱情的なこと、本能的なものを軽蔑することを好む。然るに本来の理論はつねに実践から学び、情熱が意欲し、本能が直覚するところのものを絶えず自己のうちに正しく止揚するということをこそ心掛くべきであろう。

いずれにせよ、今日ウィットや皮肉を含む論風が行われるに至った主なる理由のひとつは、理論が次第に硬結し、固定化し、従ってまたドグマ化されて来たところにあるように思われる。新奇なものを移入し、流行させることによってでなく、弁証法的な発展の過程の上に原理的に立って、この状態を救うということが理論家の任務ではなかろうか。

（一九三二年四月）

批評の生理と病理

一

公衆なるものは物を書かない批評家から成っている、という風なことをヴォルテールがいった。書かれるということでなく、話されるということが批評の自然である。書かれた批評に対して我々は多くの場合何か或る不自然なものを感じないであろうか。書かれた批評は独語的になり易く、しかるに批評は、本来、会話のうちに生きるものである。会話も固より歴史をもっている。それは話す人の性質、彼等の文化の程度、彼等の社会的境遇に従って甚だしく相違する。恰も歩行の速度が都会人は速く田舎者は緩かであるように、都会人の会話は速く、田舎者の談話は緩かである。よく知り合った人々の話がおのずと知人の生活や性格の個人的な事柄に落ちてゆくのに反して、互にあまり知らない人々はおのずから一般的な題目について話し、広く関心のもたれる観念について語ることに傾くであろう。このような有様から察せられ得る如く、談話の内容及び形式は歴史において変化する。そして批評の歴史は談話の歴史を離れて考えることができぬであろう。批評は現実的な言語即ち談話のうちにつねに自然的に含まれている。会話はいつも批評の要素を含み、会話の形式が変るに応じて批評の仕方も変る。「パリの真の批評は談話において作られる。」と批評家サント・ブーヴはいった。好い談話の存する社会においてはまた好い批評がなされるであろう。書かれた批評も会話の精神によって生かされていなければならない。批評の傑作と認められるプラトンの『パイドロス』は談話の花咲いたギリシアにおいて対話の形式をもって書かれた。批評の精神は会話の精神である。会話の精神が批評といわれる広い意味における文学の特殊な形態の精神でなければならない。それだからして今日のジャーナリズムにおいても批評の行詰りの感ぜられる場合、「座談会」というような形式が思い附かれるのは自然のことであると見られよう。

しかし話される批評は批評家の批評というよりもむしろ公衆の批評である。世間には物を書かない、従って批評家とはいわれない沢山の批評家がある。彼等は書くことによってでなく話すことによって批評する。いわゆる批評家でなく却ってこの人々が真に批評する者であると考えることができる。蓋しいわゆる批評家即ち物を書く批評家はそれが読まれるために、だからそれ自身がまた批評されるために書くのである。批評家の書いた批評は話される批評によって批評されるのみならず、それは再び「論壇時評」や「文芸時評」などの如きにおいて他の著述家的批評家によって批評されるであろうし、そしてこの批評もまた更に同様に批評されるであろう。批評家というのは批評する者のことでなく、批評される者のことであるといわれてよいほどである。物を書かないあの人々が却って批評する者である。批評家が批評される者であるところに批評家というものの悲哀が、或る矛盾があるであろう。批評家はそのような自己の矛盾を如何にしてなくすることができるか。

話される批評が関心するのは主として現在である。そこにこの批評の根本的な性格が見出される。それは過去や伝統や背景の如きものに殆ど煩わされることなく、何よりもアクチュアリティのあるものについて、いわゆる時事問題、最近の出来事、昨日今日の新刊物について話すのがならいである。それ故に話される批評はいわばその日暮しの批評である。「昨日の書物の批評は批評でない、それは談話である。」とジュール・ルメエトルがどこかで書いている。それはたしかに談話である。しかしながら過去のものの批評のみが批評であるのでなく、書かれた批評ばかりが批評であるのでもなく、また話される批評は何等重要でないといわるべきではなかろう。過去の批評と雖もこれを無視することができぬ。或る一定の著作がその同時代の人々によって如何に批評されたかということは、後の時代の批評家にとっても決して無関係なことではないのである。根源的に見ると、話される批評は批評家の批評即ち書かれる批評の溜池である。一群の批評家の文章は或るサロンの、或るサークルの、もしくは大衆の談話における批評から流れ出てくる。彼等の批評は或るサロンの会話、一定のサークルの意見、或いはまた公衆の輿論を再現する。かくて話される批評の書記であるような批評家が存在している。「批評家は公衆の書記にほかならない。」かくの如き書記的批評家はジャーナリストと呼ばれてよいところの者である。彼等はジャーナリストと呼ばれるにふさわしい、なぜならジャーナルという言葉はもとその日その日の報道を意味し、そして話される批評の関心するのは昨日の事件、今日の問題であるからである。記者的要素を含まぬ個人的批評家はジャーナリストとはいわれぬであろう。ジャーナリストは元来話される批評の書記であるのである。

それ故に批評家は批評される者であるという上に述べた矛盾は、批評家がジャーナリストになることによってなくなるであろう。しかしもし批評家が話される批評の書記にほかならないとすれば、彼等はもはや批評家とはいわれなくはないか。何故にジャーナリストは、しかもなお批評家と見られるのであろうか。話される批評は現実において或るグループの、或る党派のうちにおける批評であるから、従ってその書記である者も他のグループ、他の党派に対する関係においては批評家として現われるのである。ジャーナリストは公平な批評家であるよりも、むしろ党派的意見の代表者である。また個人の独自の批評をなす者は本来の意味でジャーナリストでなく、ジャーナリストとして存続することも困難であろう。ジャーナリズムは公衆の輿論を代表するといわれている。しかし公衆というもののはもとブルジョワ・デモクラシーと結び附いた存在であり、従ってその輿論というものも元来なんら超党派的という意味での公のものであるのではない。ジャーナリストは党派的であってみれば、その精神は反抗の精神であると考えることもできる。けれども彼は個人的な反抗家にとどまることなく、書記的要素をもたねばならぬのであるから、彼は抑圧されたもの、擡頭しつつあるものの党派に与することによってその批評家としての面目をよく発揮し得るであろう。否定の要素を除いて批評はないとすれば、そのような党派はそれ自身において批評的な党派であるといわれてよいものである。

このようにしてジャーナリストにとっておのずから或るサークル、或るグループ、或る党派に媚びるということが起り易い。いわゆる仲間ぼめ、その他が生ずる。もちろん物を書く人間の誰がひとに気に入ること、ひとに悦ばれることを求めないであろうか。しかしすべての点においてひとに気に入ろうとすることは媚びることである。そのとき批評の精神は全く失われてしまうであろう。一定の党派から感心されるには、自分で独立に思惟し判断するよりも、きまり文句を平気でいうほうが近道だ。演説会で喝采を博しようと欲する者がきまり文句を叫ぶことを忘れてはならないのと同様である。しかしそれでは批評の職分は尽されないであろう。なぜなら批評の根本的な機能は人間の精神をその自然的傾向に属する自働性に対して防衛することにあるからである。批評家は恐らく自分自身のオートマティズムに対して自分を防衛することから始めなければならぬ。ところでジャーナリストは党派的であることによって批評家として現われるのであるから、批評が最も繁栄するように見えるのはつまり多元論的雰囲気においてであるということになるであろう。即ち思想上の、文学上の、趣味上の、同様に勢込んだ、同時に存在する、敵対的な体系が同等の権利をもって主張される時である。かようなプルラリズムはリベラリズムと結び附いている。十九世紀において特に批評が盛大になったということはこの時代のリベラリズムの傾向と無関係ではない。かくて多元論及び自由主義はジャーナリズムの発達にとって好都合な地盤であった。そして公衆というものの発達はまたジャーナリズムの発達と不離の関係にあるのである。ジャーナリズムは主として公衆を対象とし、公衆の輿論は少なからずジャーナリズムに負うている。社会学者タルドの規定によると、公衆とは「純粋に精神的な集団」であって、その「凝聚力は全く心的」である。即ち公衆とは身体のない精神である。それだから公衆は、違った立場にある思想家キェルケゴールが『現代の批判』の中でいった言葉を借りると、「抽象的な全体であって、その参加者が第三者の役を演ずるというような可笑しな仕方で作られる。」公衆のこのような性質に批評家・ジャーナリストの性質が相応するであろう。この頃著名な文芸批評家ティボーデーは『批評の生理学』という本のなかで、批評家は「個人的身体をもたぬ精神」であるというようなことを書いている。創作家は身体をもっている、それでなければ創作はできぬ。もちろん個人的身体のみが問題ではなかろう、批評家・ジャーナリストにとっては個人的身体は問題でないともいえる。しかし彼等は今日ともすれば社会的身体をもたぬ精神となっているのである。そこに彼等の無力の原因がある。

批評家はこのような無力の状態を単なる批評家以上のもの、即ち指導者となることによって脱し得るであろう。指導者は単なる批評家でなく、みずから実践する者である。デモクラシーやリベラリズムが無力にされ、従って公衆というものが次第に影の薄くなるに応じて、批評家・ジャーナリストは次第に無力にされてくるように思われる。闘争は実践による批評である。しかるにジャーナリズムの批評は話される批評に基礎をもっている。闘争の必要とするのは身体をもてる精神、それだから指導者である。しかるに批評家は身体をもたぬ精神である。嘗て吉野作造氏や山川均氏などの書かれたような指導的論文がこの頃の雑誌に見られないというのは、単に個々のジャーナリストの才能の問題でなく、社会情勢の変化によることである。言論の自由、検閲の問題などもその中に数えられるが、しかしデモクラシーの無力にされた後においては、指導的論文を書く者があるとすれば、それは批評家ではなくて、真の実践的指導者である。今日むしろ批評家は自分の仕事の限界を明瞭に意識するように要求されているのではなかろうか。それは何よりも彼等が自分の仕事を有効に有意味に為し得るために必要であろう。それとも批評家はみずから実践的指導者にまで飛躍することを要求されている。批評とか批判というと何か優越を意味するように感じるのはいわば言語的錯覚に過ぎないのである。

二

我々は固より批評家・ジャーナリストの価値を過少に評価する者に与するものではない。ジャーナリズムの批評は時事評論であり、今日の批評である。そこでは今日の精神において、今日の言葉と今日の気転をもって、速かに且つ気持よく読まれるために必要なあらゆる手段を尽して、今日の思想が、それが新しいものと見えるような形式のもとに書かれる。ジャーナリストはできるだけ速くそして広く読ませるように書くのであって、殆ど二度と繰返して読まれるために書くのではない。彼等の書いたものは十二時間の後には、一週間、一ケ月の後には恐らく顧みられないであろう。それだからといって、ジャーナリストの批評は無駄であろうか。講壇人はそのように考えがちであるけれども、決してそうなのではない。ジャーナリストの書いたものは十二時間、一週間、一ケ月の後には誰も殆ど手に取ろうとはせず、二度と繰返して読もうとはしないであろうが、しかし一度は必ず読ませるように書くというのがジャーナリストの才能である。彼等の批評は十二時間、一週間、一ケ月の後にはもはや批評でなくむしろ記録と見られるようなものになるであろう、しかし彼等の批評が過去の批評でなく、まさに現在の批評、今日の批評であるところに特別の重要性があることを忘れてはならない。ジャーナリズムとは反対にアカデミズムは主として過去の批評に関心するのがつねである。しかるに過去があるためには現在がなければならぬ。ベルグソンの哲学を持ち出すまでもなく、あらゆる生は時間において経過する。過去の記憶があるためには、この過去が現在であったのでなければならない。もとよりこの現在においてひとの目を惹き、センセイションを喚び起したものの実に多くは時と共に跡形もなく忘却の海の中に沈んでしまうであろう。その日暮しをせねばならぬジャーナリズムがそれらの多くのものを取上げるというのは結局徒労ではないであろうか。たとえば、フランスの悲劇で何が残っているかというと、コルネイユとラシイヌである。しかるにコルネイユやラシイヌが存在するためには、その当時において、悲劇様式が生きた様式であり、従って他の人々によっても悲劇が書かれ、そして公衆がそれに対して関心をもっていたということがなければならぬであろう。文学史家ランソンがいっている如く、傑作というものは、一、他人の獲得した勝利の鐘を鳴らすようなものであることもあり得るし、二、また既に他人の攻撃によって弱り果てていた要塞を最後の一撃で打破ったというようなものであることもあり得るし、三、或いは多くの人々による襲撃開始の信号として打鳴らされた太鼓に過ぎないようなものであることもあり得るし、四、或いはまた四散していた人々を糾合し、いわば輿論の日々の命令のなかに一思想を記入させたというようなものであることもあり得る。いずれにせよ、或る一人の人間の作品が傑作として現われまた伝えられるためには、他の沢山の人々によって同種の凡作が作られねばならぬといわれ得るであろう。それだから同様に、その日その日の批評がこのようなその日その日の文学的生に伴われることが必要であると考えられねばならないであろう。

我々はしばしば次のような言葉を聞く。批評はいつでも後からついてゆく、先ず創作家があり、作品が書かれねばならぬ、しかる後はじめて批評はなされ得るのである、それ故に批評は要するに第二次的な仕事である。このような言葉はもちろん全くは間違っていない。しかしながらそれは半分の真理でしかなく、またそれはアカデミズムの批評についてはより多く真理であるにしても、ジャーナリズムの批評についてはより少く真理であるともいわれよう。アカデミーにおける批評は古典的な大作家の後にくっつき、彼等の輝ける足跡を辿り、彼等の遺産を集め、その目録を作ることに大部分終始している。それが好んで取扱うのは完成された古典的作品である。ところがジャーナリズムの批評は毎日の喧騒に混じている。その批評は歴史がそこにおいて絶えず新たに作られつつある現在のうちにある。従ってその批評、その基礎である話される批評は、生成しつつあるもしくは生成せんとする著作家及び著作に直接に影響を与え、この著作家及び著作にいわば合体するのである。今日の批評は明日の創作に影響し得る。その場合批評家は協力者である。このように批評家の職分は、政治上にせよ、学問上にせよ、芸術上にせよ、行為し或いは創作する者の協力者であることであろう。身体をもたぬ精神たる批評家は自己を身体に結合することを心掛けねばならぬ。つねに第三者であるところに批評家の力があるといわれる、しかしまたそこに彼の無力もあるのである。自己を単に批評家として意識している批評家は悪しき批評家であろう。歴史における「批判的時代」である現代はまたそのような悪しき批評家の輩出する時代でもある。協力者であろうとする批評家の関心すべきものは何よりも実践によって運動しつつある現実の歴史でなければならぬ。しかるに自己を単に批評家として意識している批評家の陥る危険は、彼等が実際家と競争しようとし、特に彼等自身が物を書く人であることによって、他の物を書く人間即ち創作家（芸術上並びに学問上の意味において）、及び彼等と同様の批評家と競争しようとすること、しかもみずから実際家或いは創作家となることによってではなく、批評家として競争しようとすることである。そこからあらゆるソフィズムが生れ得る。物を書く批評家がソフィストとなる危険はさほど遠くはないのである。

ジャーナリズムの批評は今日の感覚と今日の言葉をもっての批評であるから、ジャーナリストはモダンで、いわゆる近代人でなければならぬ。しかるにこれは決して想像されるほど容易でない。「私には古代人であるよりも近代人であることがはるかに困難に思われる。」とジューベールも書いている。モダンであることがクラシックであることよりも容易であるかのように考えるのは講壇人の偏見である。新しいもの、生成しつつあるものの同情者、理解者、味方であるところにジャーナリストのすぐれた仕事がある。即ち上に述べた如く、ジャーナリズムの批評は現在の批評であることに特殊な重要性があるのであるが、それはかようなその日暮しの批評であるところから、その批評の原理或いは思想も全くその日暮しのものになってしまう危険をもっている。その危険は、事実においては無主義、無原則、無思想でありながら、何か或る、そして新しい、主義や原則や思想をもっているかの如く振舞うようにされているところにある。批評の精神は或る意味では懐疑のこころである、懐疑のこころは相対性の感覚である。現に存在する一ダースの新聞や雑誌を毎日走り読みすることによって我々は何を得るであろうか。相対性の感覚もしくは智慧である。そしてほんとをいうと、それがまたかくも多くの批評家を作り出しつつある原因のひとつともなっている。しかるにそのような相対性の智慧は、この智慧を有する者によって我々に与えられるのであるか。決してそうでなく、むしろ反対に、それは断言し、主張し、宣言する人間によって我々に与えられるのである。「ジャーナリズムにおいてはあらゆる方法が宜い、だがモンテエニュの方法は例外だ。」とエミール・ファゲエが書いている。ジャーナリストは「私が何を知っているか」といってはならぬ、「私はすべてを知っている」といわねばならない。ジャーナリズムにおいては「ひどくぶつことが問題だ」ともいわれている。諺に、賢者は只一冊の本の人間を恐れるというが、この言葉をうけてひとはいう、だが只一つのジャーナルの人間の場合は如何であろうか、と。彼はもとより恐るべきである。しかしながら一ダースのジャーナルを読む人間にも新しい危険がある。彼は結局アイロニイと懐疑に陥り、実践的意志を磨滅させられるという危険がある。それはともかく、現在の批評に従事するジャーナリストには無原理、無原則になる危険があり、そして彼等が原理や原則の上に立とうとするとき、今度は反対に批評がオートマティズムに陥り、公式論乃至結果論になる危険がある。しかるにこのようなオートマティズムに対して防衛することがまさに批評の任務であったのである。批評ということと原理や原則の適用或いは応用ということとは違うのであって、批評家と学者とが違ったものと考えられるのもそのためである。批評は特殊を普遍の単なる一事例として説明するのでなく、普遍と特殊とのそれぞれの場合におけるそれぞれの生きた具体的な関係を発見し、樹立することに努めなければならない。その意味において批評の精神は弁証法の精神であり、また逆に批評の精神を離れて弁証法はないともいい得るであろう。

三

ところでアカデミズムの批評はジャーナリズムの批評が現在の批評であるのに対して過去の批評であるのが普通である。そして実際において現在の批評と過去の批評とは同じ機関、同じメカニズム、同じ才能を要求するのでなく、従って同一の人間が同時に両者に成功するということは殆ど不可能であるように思われる。批評家・ジャーナリストと批評家・プロフェッサーとは批評の二つの異る範疇に属している。事実を見ても、教授たちは例えば平安朝時代或いは徳川時代の作家や作品の批評はするが、同時代の作家、昨日今日の作品の批評は敢てせず、よしんばしたにしても成功し得るかどうか、疑問である。同じ人間について見ても、その青壮年の時期に同時代のものの批評に成功したにしても、一生そうあることができるということは稀であろう。それだからサント・ブーヴは後にはポール・ロワイヤルの研究に、即ち過去の批評に遁れたし、嘗てはすぐれた批評家・ジャーナリストであった吉野作造博士の如きも晩年には主として歴史的研究に没頭されたようである。ところで話すことは書くことに先立つ。ジャーナリズムの批評が談話もしくは会話に基礎をおくに反して、教壇の批評はその起原を説教から発する。以前学校の仕事をしていたのは教会や寺院であった。そこで類型的なジャーナリズムの批評には何となく談話における雄弁の響があるし、類型的なアカデミズムの批評には説教における雄弁の響があるように感じられる。

しかし批評家・プロフェッサーの批評は話すことに基礎を有するのではない。話すことの現実性は談話であり、会話である。プロフェッサーはなによりも読む人間である。詩人は感じたことについて語り、旅行者は見たことについて語り、そして教授は読んだことについて語る。読書の世界が彼にとって実在の世界となる。しかるに読むということはひとが想像するほど広く及び得るものではない。もちろん正直な批評家は原作を読んだものについてのほか書かないであろう。けれども彼は読んだもののすべてを想い起し得るわけでなく、また多くの場合記憶に信頼して話すことと他人に信頼して話すこととの間に実際上何等違いがないことがある。ひとは自分の書庫の本を毎朝読み返すことができるものでない。サロンの批評は時として或る新刊書について自分で読まないでただ読んだ人の話を聞くだけで定まった意見を作ることがある。今日或る人々はもとの論文やもとの作品を読まないでただ新聞や雑誌の論壇時評や文芸時評を読むだけでその論文やその作品について定まった意見を作っている。これは固より歓迎すべきことではない。しかしながら批評家・プロフェッサーと雖も時には同様の遣方をしないということは不可能である。そこから先ずひとつの危険が従って来る。即ち彼等は著者についての自分自身の感情及び判断を表明する代りに、著者についての伝統的意見を編纂するにとどまるということが生じ得る。言い換えると、その題目について従来オーソリティをもった批評家が書いているところのもの、或いは学校で教えられたところのものを繰り返すに過ぎないということになる。伝統はもちろんそれ自身として非難さるべきものでなく、伝統なしには文化の発展もあり得ないのであるけれども、他方において伝統は批評が何よりもそれに対して防衛しなければならぬところの精神のオートマティズムを惹き起し易いものである。自分の責任を回避し、なるだけ無難な批評をするために、或いは自分の思惟の怠惰を佯《いつわ》り自分の無見識を隠すために伝統に頼るということもなくはなかろう。講壇の批評が知らず識らずの間に如何に甚だしく伝統に支配されているかは、それがそのような伝統の欠けているところ、即ちまさに今生成しつつあるものに対しては殆ど理解することを知らず、これをすべて何か軽佻浮薄なものとして非難するだけであるのが普通であることを見てもわかる。講壇の批評はだいたい一世代遅れている、それは新しいもの、進歩的なものに対する戦争の状態において生きるように余儀なくされている。伝統についても、それは伝統を継ぐものであって伝統を作るものではない。伝統を作るものはむしろ話される批評、従ってまたジャーナリズムの批評である。この種類の批評によって例えばフロベールやボードレールなどは講壇の批評に押し附けられ、かくて古典の位置を獲得するに至ったのである。それが過去の批評であるところから、講壇の批評が歴史的相対主義に陥り易いということはまたそれの他のひとつの危険である。広く歴史を見渡すとき何等絶対的なものは存しない。或る立場、或る思想、或る形式を絶対的としてそれに熱中し熱狂するが如きは子供らしいこと、無知と無学とによるものと考えられる。そういう博識なプロフェッサーたちにおける誤謬は、真の歴史は過去の歴史でなく現在の歴史であるということを実際に理解しないことである。現在の歴史は行為において行われ、しかるに行為するためには一方に決めることが必要であって、相対主義の立場においては行為することが不可能である。プロフェッサーたちのいわゆる学者的良心はしばしば生活に対する良心に背反する。彼等はジャーナリズムの批評が性急な、尚早な断定を下すことを非難する。彼等のいわゆる学者的良心は、それが性急な仕事だという口実のもとに急ぎの仕事の必要に服することを拒絶し、それは決定的な仕事でないという口実のもとに有用な仕事に従うことを拒絶し、かくてつまり艱難なる、紆余曲折せる生活のために尽すことを拒絶するのである。いわゆる学者的良心はペダンティズムに終る。仕事をしない口実としての細心或いは慎重というものほど学者における陰鬱なペダンティズムはないであろう。

アカデミズムの批評は、この派の一頭目と見られるブリュンチエールの言葉に依ると、「鑑別し、分類し、説明する」ことである。ジャーナリズムの批評の関心するのが個々の具体的なもの、この事件、この人物、この作品であるのに対して、アカデミズムの批評の関心するのは或る一般的なもの、主義や流派、様式や形式である。それは多様なものの間の連鎖と連続とを求めることに苦心する。従ってその批評は構成による批評である。批評することはそこでは個々のものを鑑別して一定の範疇に入れ、部類に分け、一般的規則から説明することである。それだからアカデミズムの批評は飛躍的なもの、非連続的なもの、革命的なものに対して自然的な嫌悪もしくは恐怖をもっている。新しいもの、生成しつつあるものに対して少くとも懐疑の眼を投げかける。このようにしてそれは現在の現実から面をそむけて過去の歴史の中へ逃げ込む。現在に対しては真に批評するのでなく、固定した一般的規則や形式を無駄に、しかし威猛高に命令し、教訓するにとどまる。批評は訓戒に変るばかりでなく、批評はむしろ歴史に、思想史に、文学史に、等々に変る。しかるに本来をいうと批評の精神は現在の精神である。それは過ぎ去ったもの、完成したものに対する感覚であるよりも、来たりつつあるもの、生成しつつあるものに対する感覚である。しかもこのような批評の精神なしに最上の歴史が書かれ得るか、疑問である。固よりこの頃のベルグソニズムの批評家たちのように歴史的方法を不当に軽蔑することは戒しむべきである。過去の歴史を理解することなしには現在の批評も的確に行われることができない。我々は歴史の弁証法的発展の思想の上に立ち、従って非連続と共に連続を、質的飛躍と共に量的増大を考える。ジャーナリズムの批評がその日暮しの批評として無原理、無原則の弊に流れ易いということも認めねばならぬ。批評は批評することによって一般的なもの、普遍的なものを求めなければならない。或いはヘーゲルが『哲学的批評の本質に就いて』という論文のなかで述べているように、イデーなしには批評は不可能であるといい得るであろう。しかしながら普遍的なものはそのものとして抽象的に固定させられてはならぬ。普遍的なものは生命的なものとして自己を種々の現実の形態に分化しつつ発展する。渾沌として捉えどころのないように見える現実のうちに一般的なものを発見するのが批評の任務であり、しかしひとたび一般的なものが樹立された後にはその硬化に対して防衛することが批評の任務である。

四

右に述べた二種類の批評のほかになお第三の種類の批評がある。ティボーデーは『批評の生理学』において、自然生的批評、専門的批評及び大作家の批評という三種類を掲げている。文学についていうと、わが国でも創作家が批評を書くことは多く、あまりに多過ぎると思われるほどである。反対に、新聞雑誌で専門の文学史家に批評を書かせることをもっと試みても宜かろうと思う。それはともかく、創作家の批評とは如何なる性質のものであるかを考えてみよう。

言うまでもなく我々は創作家の批評を種類において批評家の批評と区別される限りにおいて問題にしなければならぬ。例えば正宗白鳥氏がこの頃書かれる批評の如きは創作家の批評でなくむしろ批評家の批評と見らるべきであろう。創作家の批評はそのものとしては自己の創作の見地からの批評である。従ってそれは先ず単なる趣味の批評ではない。趣味の批評は却って教養ある公衆の批評であり、話される批評である。創作家が最上の趣味の人間であるかどうかは疑問である。趣味はそれだけでは何物も創造しない。あまりに趣味の豊かな芸術家は十分に冒険的であることができず、泳ぐために水の中へ敢て飛び込むことができないであろう。趣味は臆病なものである。「我々を無くするひとつの物、我々を束縛するひとつの馬鹿げた物がある。それは『趣味』、よい趣味である。我々はそれを持ち過ぎている、我々は必要以上にそれに構っているというのである。」とフロベールも書いている。創作するには情熱が、プラトン的なマニアが、洗煉されたものよりもむしろ自然的なもの、フィジカルなものが必要である。趣味は既に在るもの、実現された作品の上ではたらくのであって、何か全く新しいものを作るにはそれだけでは無能力である。そしてまた創作家の批評が公平であるとは誰も信じないであろう。あまりによく理解する者は実践的であることができぬ、或いはむしろ、すべてを理解する者は何事も真に理解していないのである。創作家の批評における偏見、不公正を指摘することは容易である。尤も、公平な批評が必ずしも有力な批評ではない。世の中には無理のない批評でしかもそれから何も学ぶことのできない批評がある。このようにして創作家の批評は自分と反対の思想、傾向、気質の作家及び作品を批評した場合よりも自分と同じ気質、傾向、思想の作家及び作品を批評した場合に面白いもの、有益なものが多い。欠点の批評よりも長所の批評に美しいものがある。その批評の美しさは、情熱と感激、共感と共鳴をもって、自分とコンジーニアルなものにおいてそのジーニアスを発見してゆく深さである。

いま芸術家の場合についていったことは、思想及び学問の領域における創造者、発見家、体系家などについても、或る程度までいわれ得るであろう。すべてそれらの人々は独立の批評的文章を書かないにしても何等かの仕方で批評している。批評を含むことなしには創造することもできないというのが人間的創造の約束であるように思われる。彼等は批評家によって批評されるばかりでなく、自分自身でも批評する。彼等は彼等の批評家をも批評する、しかも批評的文章によってでなく、むしろ自己のオリジナルな著作によって批評する。彼等の創作は他の批評に対する熱烈な答弁であることがある。かくて要するに、人間の世界においてはすべてが批評する者であると共に批評される者であるとすれば、最後に批評する者は誰であるか。それは歴史である、と答えられるであろう。この答は全く正しい。しかしその場合、歴史はまた人間の作るものであるということを附け加えるのを忘れてはならない。だから批評家を悉く気にする者は馬鹿である、しかし批評家を全く気にしない者も馬鹿であろう。ところで歴史を動かす大勢力は大衆である。それ故に恐るべきは批評家でなくて大衆であるといえる。社会的に評価されなくなるや否や、如何なる仕事も忘却の海の中に影を没しなければならないのである。そこでまたあらゆる批評する者の用い得る最も恐るべき手段は最も簡単な手段である、即ち黙殺するということである。今日の多くの批評家の欠点はこの有効な手段を用いることを忘れがちであるところにあるといえるであろう。

さて批評は嘗て天才の頂上に達したことがあるであろうか。批評が批評としてそこに到達したことは未だなく、またそれは不可能であるようにさえ思われる。批評家は身体のない精神であるといわれる。しかるに身体的なもの、自然的なもの、物質的なものなしには天才はない。天才とは行為し、生産し、創造する者であるからである。身体のない精神であるような批評家が天才的なものに達することは不可能であろう。嘗て存在する最上の批評は単なる批評家によって書かれたものではないのである。批評の傑作といわれる『パイドロス』を書いたのは哲学者プラトンであって、彼は単なる批評家ではなかった。好《よ》き批評家は身体をもてる精神でなければならぬ。しかるに批評家が真に身体をもつとき彼は批評家以上のものとなる、彼は実践的指導者となり、或いは文化の諸領域における創作家、創造者となるであろう。しかしまた他の方面から見ると、批評の精神なくして指導者も創作家もないであろう。指導者や創作家と並べて、批評家の位置は何を意味するであろうか。批評家は啓蒙家である。かくいうことによって我々は批評家の価値を低く評価しようとするものではない。他の機会に述べた如く、社会の転形期は一般に啓蒙時代として特徴附けられ得るとすれば、このような時代における啓蒙家の役割は決して小さくはないであろう。特に批評家・ジャーナリストの仕事は啓蒙家であることにある。ジャーナリストを通俗化する人のように見る見方は間違っている。従来の学問上の定説或いは通説を真理としてこれを通俗化するだけでは生きたジャーナリストではない。彼等はむしろそれを訂正し、作り直す人である。彼等の優秀な者は、十八世紀のアンシクロペディストがそうであったように、当代の立派な学者である。しかし彼等はいわゆる学者ではない。彼等にとっては純粋に学究的な問題ではなくて社会の現実的な問題が関心の中心である。ジャーナリストの本質は、学問を通俗化することにあるのでなく、新しいイデオロギーを代表し、独特の文体をもち、そして問題の或る特殊な取扱い方をするところにある。彼等は学者であるよりもむしろ広義における文学者であって、十八世紀の百科辞書家と同じく文学史上に独自の位置を占むべきものであろう。今日のジャーナリストもあのアンシクロペディストと同じく或る特殊な文学形態を生産しつつあるのであり、またそうすることを要求されているのではなかろうか。啓蒙とは旧いイデオロギーに対する新しいイデオロギーの宣伝及び普及を意味している。転形期の社会においては相対立するイデオロギーが存在するものであるから、啓蒙は批評を離れては行われ得ない。そこに批評家の批評家としての歴史における役割がある。

（一九三一年一二月）

時代批評の貧困

今日、日本の文壇で持て囃されているシェストフとかドストエフスキイとかジイドとかいう人は、基督教の宗教的思想的背景あって始めて在る人々である。随って、日本人のような、一種の広い意味の自然主義的、楽観的な性質の国民の間に、たといこれ等の人々の文学が輸入されても、根本的な理解が一般にどこまで可能であるかは、問題である。現代のインテリが抱く社会的不安、生活不安の気持に、これ等の人々の文学が一致する所があって今日の流行を来しているのであろう。然しながら、かかる悲劇的な文学が日本の文学に本当に血となり肉となってゆくかどうかは大なる疑問であろう。嘗て、白樺派盛んだった頃、人道主義と呼ばれた時代に、同じくドストエフスキイは流行った。それが今日再び流行っているが、その時代よりももっと深い暗い絶望的なものが人々の心に生じているので、嘗ての影響の仕方と今日の理解の仕方とは意味も違っていなければならない。

近頃の文学研究青年の一般的傾向は文学に対して非常に真面目になった事である。昔の、文学を遊蕩的にみていた時代に比ぶれば、今の若い青年達は文学に対して堅苦し過ぎる位に真面目だと思う。だから、一般的にいえば、悲劇的傾向をもつ外国作家が迎えられるのは、現代の青年に一致するものがある結果である。

然しながら、かかる傾向が、将来の文学、殊に日本の文学の方向を暗示しているか否か、或いは過去の伝統に照して見て文学の実となるかどうかという事は、一般的には可成り問題であろう。

ドストエフスキイの影響の如きは、日本に於ては単に心境的心理的小説に堕する危険があるであろう。

私は、純文学の今日ゆくべき道としては、どうしても、プロ文学が暗示した社会的なものに向って一応突破しなければ、前進は困難ではないかと思う。プロ文学は今日客観的状勢によって停頓した。然しその文学的意図の如き、社会的なものに対してもっていた態度の如き、余りに今日の純文学畑の人々によって無視されすぎてはいないかと考えるのである。

文学が何等かの意味で社会とか生活とかに対する時代批評を含むべきである事はいうまでもないが、そういう批評的な眼がプロ文学に於て今まで余りに抽象的であったり、政治主義にとらわれたりしていたのは事実である。然しかかる時代批評的要素はまた純文学に於ても当然生かされて来なければならない。

ニイチェはニイチェの時代、ジイドはジイドの時代、その時代時代の人生批評家である。日本にはまた日本特殊の社会、生活、伝統があり、そういうものに対する新しい眼をもった作家が出て来なければならない。

人道主義時代には白樺の運動なんか多少それをもっていた。然し今日、それに匹敵するような一種の批評をもっている青年が純文芸の方にいるかというと、それは疑問である。元来、哲学や思想の方では、外国から影響されることが外国の模倣に終ってはならぬというように、随分やかましく云われて来た。然るに文学の方面では、外国文学を受け容れる我々日本人の立場が如何なるものであるべきかについての検討批判が、稍々おろそかでありはしないか?

明治大正期から今日までの外国文学の影響は、活潑な輸入時代、暴食満腹時代をすぎて、咀嚼の時代が今来ているとはいえない。

一般的教養が高まったからといって、それは正しい摂取の仕方とは限らない。依然として、輸入文学は輸入品であり、それを消化する者は日本人なのだ。

而も、今日の日本は、外国文学を盛んにとり入れつつも、一の営養不良に陥っている状態である。内部的苦悶をもつ人が恰も美味を求め、嗜好にひた向きに走りつつも、なお且つ消化と吸収のよからざる現象に似ている。

純文芸の人々は正に、こうした状態にあるのではないか。内部的貧困の為に、毫も、芸術的生産に潑剌たるものを示しえない。

この状態を救うものとしてシェストフ、ジイド、ドストエフスキイの情熱は、余りに日本人の精神力には異質的でさえあるのだ。そこに問題がある。いな内部的貧困は実は時代批評の精神の欠乏にあるのだ。

時代批評の貧困と敢えて私はいう。それは、純文学が今日充足すべき第一条件ではあるまいか。

（一九三四年七月）

美術批評について

すぐれた美術批評家が存在しない、美術批評は一般に面白くない、と云われている。我々の眼に触れる範囲のものは、殆ど凡てが印象批評に限られている。それが必ずしも悪いと云うのではない。唯それが当然のこと、自明のこととされているのに対して疑問をもつのである。そのような印象批評の多くはあまりに文学的だ。もっと美術の固有な原理に深入りした批評が欲しいと思う。

現在美術批評を多少とも専門的にやっている人には美術史家が少くないようである。然るに、過去の作品の批評と現代の作品の批評とは同じ機関、同じメカニズム、同じ才能を要求するものでなく、その間にはおのずから差異がなければならぬであろう。「歴史家」と「批評家」とは実際において批評の二つの違った範疇に属している。過去の作品の批評にすぐれた者が必ずしも現代の作品の批評に成功するとは云えない。そこで文学の如き場合では、文学史家と文芸批評家とはおのずから区別されているのが普通である。これと同様のことが美術の場合にもあるべき筈であろう。

美術においてはいわゆる「鑑賞家」という特別のものがあり、そういう人がまた美術批評家として現れている。鑑賞家は趣味の人である。然るに趣味というものはその本性上既に在るもの、完成された過去の作品に対して、より親和的であって、新しいもの、生成しつつあるものに対してはあまり親しみを感じないのがつねである。それが主として過去の作品に向うという点において鑑賞家の趣味は美術史家の心と同様である。

かくしてすぐれた「批評家」が存在しない現状においては、美術における新しいもの、飛躍的なもの、革命的なものは十分に注意されず、理解されず、価値付けられず、そのようなものが自然に抑圧されるということがあるであろう。蓋し批評家の批評家としての仕事は、まさに新たに生成しつつあるものに心をくばり、その熱心な、忠実な味方たるところにある。

今日の美術批評家は作者のために書いているか、鑑賞者のために書いているか、と云えば、そのようなことは恐らく明瞭に自覚されていないのではなかろうか。もちろんそれでもよいので、真の批評は両者に共に役立ち得る筈である。然しそのような立派な批評は殆ど見当らない。技術批評のみが作者に役立つわけでもなく、また技術批評は鑑賞者にとって役立たないわけではなかろう。文学的な批評、歴史家的な批評、趣味批評などに比して、技術批評が一層盛んになることは確かに望ましいことである。それには美術家自身がもっと批評の筆をとることがよいとも考えられるであろう。文学の場合では創作家が批評を書くことが多く見られ、あまりに多過ぎるほどであるに反して、美術家自身が批評を書くことは稀である。この差異には当然の理由もあることであるから、どうしてもほんとの美術批評家が出ることが必要になる。それには色々なこともあろうが、前にも云った如く、現存の大展覧会のほかに、個人展覧会、或るグループの、或る運動の展覧会などが更に活溌になり、美術批評家の活動が始終要求されるようになることなどもその一つに数えることができよう。

芸術を社会生活との関聯において批評するということは、今日文学などの場合では殆ど常識的なことにまでなっているに拘らず、美術についてはこのような批評が殆ど見られない。いわゆる社会的批評がよし凡てでないにしても、この方面が特に開発されることは目下の急務に相違ない。今後どのような新しい批評の方法が生れて来るにしても、この社会的批評の方法を無視することはできないと思う。それとも関係して、今日ありふれたあまりに自由主義的な批評とは異って、一層明瞭な立場乃至原理からの批評が見られないのも寂しい。

（一九三三年七月）

通俗性について

　評論、文学、また哲学においても、もっと一般人に分り易いものにするということが問題になっている。いわゆる通俗性の問題である。通俗性の問題は、今日、読者の側から要求として出ているというのみでなく、作家、批評家、思想家の側においても次第に真面目に考えられるようになってきた。

　この問題は差当り表現、いい換えると、文章の問題である。文章の問題は、実際、軽視さるべきものでなく、また決して容易なものでもないのである。文章において最初の問題は、その要素としての語の問題であろう。そしてこの点については、なるべく漢語を少くし、むしろ日本の古典的な雅語を活かして使うこと、なるべく特殊な語即ち術語の如きものを減じ、世間一般に行われている語即ち俗語の如きものを活かして用うること、等々のことがいわれている。それらの教訓はもとより有益である。しかしながら語は孤立したものでなくて有機的に結合さるべきものであり、文章の中において機能を営むものである。従って文体が決らなければ語の使用法も決らない。いかなる語が用いられるかは、文体に関係し、文体に規定されるのである。表現の通俗性は文体の問題である。

文体についても、一般人に分り易くするために、平明に書けとか、直截に書けとか、種々の規則が示されている。かかる文章読本式な規則も、もちろん有用であろう。しかしながら何を平明といい、何を直截というかが、すでに簡単な問題でない。論理的文章は心理的文章よりも分り易いかといえば、反対の場合も考えられる。文章の通俗性のために思考の厳密性が妨げられるとすれば、ほんとに分り易いとはいえないであろう。しかも文体は一般的なものでなく、各人のものである。それはまた各人の個性的な表現の様式であるのみでなく、各人の個性的な気質、思考の仕方である。文体は思考の様式と表現の様式との統一である。明晰な思考なしに明晰な文章を書くことは不可能であろう。

かくて通俗性の問題は文体の問題であるとしても、それが単に文章読本式の問題でないことは明かである。むしろ文体の秘密を知ることは著作家の全秘密を知ることである。著作家は皆自分の文体を求めて苦しむ。文体の完成する時は作品が完璧に達する時である。この意味に於いても真の通俗性は作品の完璧性と別のものでないといい得るであろう。著作家は常に自分の気質、思考の仕方に適した文体を捜している。彼の文体はおのずから習慣的に出来てくるものである。然るに文体が出来てくると、今度はその文体が自分の思考を支配するようになる。そして著作家はいわばマンネリズムに陥る。ところが多くの場合分りやすいといわれるのはそのようなマンネリズムの状態に入った文章である。通俗性が主として文章の問題であるかの如く考えられるのも、思考と文章との比重において文章が重くなった状態であるためである。そのとき思考もまた習慣性に陥っている。若い人の文章よりも老人の文章が概して分り易いとされる理由もそこにある。かように通俗性がマンネリズムに関係するところにその危険性もあるのである。

通俗性が文体の問題であり、そして文体は各人のもの、個性的なものであるとすれば、むしろ文体を放棄することが一般人に分り易くなるゆえんであると考えられるであろう。事実、現在分り難いといわれている文章にはあまりにスタイル的であるものが少くない。通俗的になるために自分の文体を放棄せよという意見にはある真理が含まれている。もちろんその場合、通俗が俗悪となる危険はある。文体を放棄することは文体だけの問題に留まるものでなく、自分自身の思考の仕方を放棄することであり、常識的な考え方に身を委せることである。しかしながらひとは真に自分を活かすためには自分を殺さねばならぬ。自分の文体を放棄することも真の文体を発見するために必要である。また現在スタイルのゆえに難解と称せられる文章にしても、ほんとのスタイルでなくて単にポーズといって好いものがあり、文章及び思考の上にあまりにポーズが多いゆえに一般人に分り難くなっている場合が稀でない。文章及び思考において「常識的」になるということも真の「良識」を得るために必要なことであり、良識は真の通俗性の基礎である。

表現の通俗性の問題は表現の本質に還って考えられねばならぬであろう。表現するとはつねに他に対して表現することであり、表現はこの関係によって規定される。いい換えると、表現とは著者と読者との間の対話（ディアレクティク）である。この関係が生きて働いているとき分り易いものとなり、反対に独語（モノローグ）的な文章は分り難いものである。読者を念頭におくことによって、その文章が分り易いものになるのみでなく、その思考も客観的になり、社会的になり、かくしてまた分り易いものになるのである。

ひと或いはいうかも知れない。我々は読者のために書くのでなく自分自身のために書くのである、と。まことにそのとおりである。真の著者はすべて自分の内的な要求に基づいて書く。ただ読者をのみ目当てにして書こうとする者はほんとに書くことができないであろう。ただ読者に媚びるために求められる通俗性は真の通俗性でなくて俗悪というものである。しかしながらまた内的な要求も外的な事情によって触発されるものであり、かつすでに言葉に表現しようとする以上、何らかの読者を予想するのでなければならぬ。ひと或いは知己を千載後に待つといった態度で、通俗性の如きは何ら問題でない、というかも知れない。著述に対するかような理想主義的な態度を私はもとより尊重する。それは今日の著者においてあまりに稀なものとなっている。しかし本質的に通俗的でないものが後世に至って大いに読まれるようになるということは考えられないであろう。ゲーテが「唯一の永続力ある作品は折にふれての作品である」といった言葉には真理が含まれている。それのみでなく、知己を千載の後に待つといった態度のうちには何か封建的なものが残存するといい得るであろう。読者を念頭において書かないということは著作家の封建的な態度であり、かような封建的なものが他の封建的なものと一緒に我が国の著作家の一部になお残っており、そしてそのことが表現の通俗性を失わせる原因となっている。

事実として何らかの読者を目当てにして書かない著者は存在しないであろう。ひとは誰かに気に入るために書くのである。問題は、それが如何なる人であるかということにある。今日通俗性の問題が作家、批評家、思想家の側において真面目な問題となってきた理由もこの点にある。

特殊の場合を除き、現在純文学の読者の数は恐らく千か二千である。しかもそれは大抵、文壇的人間、即ちすでに文壇に出ている者、もしくはこれから文壇に出ることを志している者、もしくは文壇的な考え方に追随している者に限られている。かくして純文学は文壇という特殊圏のほかに殆ど出ることなく、ただこの特殊圏の内部で回転している。評論や哲学においても同様であり、それらは文壇、論壇、哲学界というような特殊圏の内部で、結局からまわりをしているに過ぎず、圏外にある大衆とは無関係なものになっている。これで果して好いのであるかという不安を著作家が感じるようになってきたのは当然である。

従来とても、ひとは読者を念頭においていなかったのではない。ただその読者は、文壇とか哲学界とか、特殊圏に属する人間であり、彼らに気に入るために書いていたのである。ひとは文壇の方言、哲学界の方言で物をいうことをもって満足していた。かような著作の態度は封建的といわれるであろう。我が国においては今日も、文壇等々はなお封建的性質を残している。然るに文化の危機が語られるようになった現在、文化の目的及び基準についての従来の考え方は動揺し、文壇や哲学界などという特殊圏に属する少数者の評価にのみ信頼していて好いかどうかが怪しくなってきた。彼らは社会上政治上の現実の勢力としても次第に影が薄くなりつつある。かくして通俗性の問題は単に文章或いは表現の問題に留まらず、文化の目的及び基準に関する重要な問題を含んでいる。

通俗性を得るためにはそれゆえにまず著作における封建的な態度を棄てなければならぬ。かの知己を千載の後に待つといった理想主義も、学問や芸術が「開いた社会」に属することを考えている点で意味があるのである。そこからしてまた通俗性の問題が理想的にはともかく、現実においては大衆性の問題であることも明かであろう。求められているのはもとよりいわゆる大衆文学におけるが如き、封建的なものを多分に含む「庶民性」ではない。大衆そのものが歴史的、時代的に考えられねばならぬ。時代的であるということは通俗性の基礎である。我々はここで前に引用したゲーテの言葉を再び想い起すべきであろう。時代的であることが時代に追随することであっては、それは俗悪というものである。今日分り難い文章の存在する原因はむしろ、著作家における思想的信念の動揺乃至喪失にある。しかし同時にモノローグに堕することは慎むべきであって、肝腎なものはすでに述べた対話の精神である。ひとつの作品を読んで、その中に自分自身を見出すとき、読者は悦ぶ。そこに通俗性の秘密がある。そしてもしかように読者を悦ばせることが同時に読者を高めることである場合、それはもはや単なる通俗性以上の、著作家の理想そのものである。

（一九三七年三月）

古典における歴史と批評

一

一般に歴史と批評とは一致しないもののように見える。すでに外的な事実としても、文学史家と文学批評家とは別であるのが普通である。批評家は歴史家でなく、歴史家は批評家でない、二つの才能は種類を異にするもののようである。しかるにいま特に古典というものを中心にして考えるならば、歴史と批評とは本来一致すべきものと思われる。なぜなら古典は文学史家の重要な対象であるが、古典とは単に古いものをいうのでなく、芸術的に価値の高いものをいうのであり、作品の芸術的価値の高さの判定は批評機能の活動に俟たねばならないからである。しかしこの場合においても歴史家とは依然として別であるように見える。或る作品の価値を認めこれを古典の地位に上せるのは批評家であり、歴史家はかくして見出された作品について彼自身に属する研究を行うのである。尤も、古典を決定することは批評家の仕事でないともいわれるであろう。古典の決定にとっては却って伝統が、それ故に歴史そのものが重要な役割を演ずるのであり、かような伝統的な評価を基礎にして研究するのは歴史家であり、従って批評家の批評の対象は古典でなく現代の作品であるのがつねであるということが生じている。しかし飜って考えるならば、古典を決定するものが歴史であるということは歴史そのものが本質的に批評的であるということを意味し、かような歴史と一致すべきものとして歴史家は同時に批評家でなければならぬということができるであろう。伝統的な評価に頼って居る限り、文学史には根本的な進歩があり得ない。殊に我が国の文学史についていうと、歴史家に批評が乏しく、国文学者の伝統的な、非近代的な審美眼が歴史的研究の進歩を阻害しているように感じられるのである。文学史及び文学論における古典主義は伝統主義に陥り易い。この弊を避けるためには歴史と批評とが根本的に結び附かねばならぬであろう。かくて歴史と批評とは如何にして統一されるかが問題であり、この問題は特に古典といわれるものにおいて重要な意味をもっている。最近の「日本的なもの」に関する論議もこの点についての認識を必要としている。

ところで批評という語は種々の意味に用いられ、批評にも種々のものが考えられる。まず文献学においていわれる批評がある。文献学的批評はもとより歴史と対立するものでなく、却って歴史の基礎をなすものである。それ故にもし批評が文献学的批評の意味であるならば、如何なる歴史家もこれを回避することができぬ。他方また歴史が文献学に存する限り、如何なる批評家もそれを無視することができぬ。かようにして純粋に文献学的な平面においては歴史と批評とは対立するものでない。文献学は歴史にとっても批評にとっても基礎であるからである。歴史と対立的に見られる批評は文献学的批評のことでなく、文献学的批評は批評というよりも、むしろ歴史といわれ得るものである。問題は文献学的平面以上のところにある。そして問題はこの場合二つの段階において考えられることができる。第一に、文献学的方法が唯一の、或いはそれのみで十分な歴史の方法と看做される場合、歴史と批評との対立が問題になって来る。しかし第二に、文献学といわれるものは単に批評のみでなく、一層高次の段階として解釈の領域をも含むものであり、そこで歴史が単に文献学に止まることを欲しない者は解釈学を特に歴史の方法として発達させて来たのであるが、かような解釈学が批評（いうまでもなく文献学的批評の意味ではない）を追い払おうとする場合、また歴史と批評との対立が生じて来るのである。第二の場合は後に廻して、まず第一の場合について考えてみよう。

広い意味では文献学的方法のうちに解釈学的方法も含まれるわけであるけれども、ここで我々は今日普通に解釈学が或る特別のものと考えられるのに従って、文献学的方法という語を解釈学的方法とは区別された狭い意味に用いることにしよう。このとき文献学的方法の中心をなすものは文献学的批評であるが、我々はまた今このものをできるだけ広い意味に理解して、例えばランソンが文学史における科学的方法として述べたものとほぼ同じ内容のものと考えよう。いうまでもなく、科学的方法の主張者は、それが歴史的方法そのものであると見るのである。かような文献学的方法或いはランソン学派のいう歴史的方法が文学史の研究にとって基礎であることは否定し得ないであろう。しかし同時にそれが限界を有することも争われ難いように思われる。この限界は古典というものを対象にして考えるとき殊に明瞭になって来る。古典とは普通に理解される如く文学上の傑作のことである。しかるにランソン流の歴史的方法は傑作と同じく凡作に適用されるのみでなく、むしろ凡作に対して一層有効に適用され得るものである。ランソンもその方法論の中で、文学史の研究においては傑作と同様にもろもろの凡作に注意を払わねばならぬということを強調している。これは確かに一面の真理を含んでいることである、けれども良い作品と悪い作品とを一緒にして文学と呼ぶのは言葉の濫用であると考えることもできるであろう。美しくない作品もその時代の事件、風俗、思想の記録として歴史にとって重要な意味をもっている、しかしその研究がただちに文学の研究であるとはいい難いであろう。文学史は作品における本来の文学的なもの即ち文学的美に関心しなければならぬ。従ってその研究の中心に傑作が、古典が立つのは当然である。しかるに文献学的方法はそれ自身で傑作と凡作とを区別することができない。文献学的方法によって古典を研究するということは、すでにあらかじめ他の仕方で、古典と認められているものについて研究を行うということであって、自己が初めて古典を定めるのではない。或るひとつの作品を傑作として判定することは批評に、作品の芸術的価値の評価の意味における批評に俟たねばならぬ。文学史の主要な対象が傑作であり、それの含む美である限り、批評は歴史から分離し得ぬ要素であるのみでなく、文学史は文学批評であるということにさえなるであろう。そこにはレッシングが芸術批評家は芸術審判者であるといった意味における批評が必要である。しかるに文献学的歴史に伴い易い欠点はかような批評機能の喪失である。それは衒学的な博識にひとを誘惑し易く、そしてこのものは歴史的相対主義にひとを堕落せしめ易い。文献学者は凡庸な作品に対して古典的な傑作に対すると同様の、或いはむしろそれ以上の関心をもって接するのである。文献学的歴史的方法の陥りがちな相対主義こそ歴史における批評の必要を示している。

すでにいった如く批評にも種々のものがあり、文献学的批評はその一つであったが、ここでは更に今日特に重要視されている社会的批評というものについて考えてみよう。文献学的批評が科学性を誇るように、社会的批評も科学性を主張する。その実証的精神において両者には共通のものがある。ところで文献学的批評が作品の美的価値の評価の意味における批評でなく却ってこれに対しては歴史であるように、社会的批評といわれるものも批評であるよりもむしろ歴史であると見ることができるであろう。もとよりその根柢となっている歴史観は二つの場合において同じでない。けれどもそれらは共に飽くまで客観的歴史的な研究であろうと欲している。しかるに作品の美的価値の評価の意味における批評は純粋に客観的な過程であり得ず、却って主観的な過程であることを特色としている。カントのように美を単に主観的なものと見ることは間違っているにしても、何等かの意味において主観的なものを考えることなしに美を考えることは不可能であろう。社会的批評もまた傑作に対してよりも、むしろ凡作に対して一層有効に適用され得るものである。社会的批評によって、初めて作品の古典的な価値が定められるというのでなく、それが古典に向けられる場合、何が古典であるかはすでにあらかじめ他の仕方で定められているのである。社会的批評の目的とする作品の社会的価値或いは階級的意義の見地から見ると、芸術的には凡庸な作品も傑作に勝るとも劣らぬ価値を有するということは考えられることである。そして他方、ギリシア芸術が奴隷を基礎とする社会の芸術であるにしても、その古典性は争われ得ず、また我が王朝文学が貴族の文学であるにしても、その古典的価値は否定され得ないであろう。社会的批評はすでにあらかじめ古典と認められているものについて古典の社会的制約を明かにし得るのみである。それは作品の芸術的価値の評価の意味における批評ではない。尤も社会的批評の立場をとる者の中には、作品の芸術的価値とはその社会的等価にほかならないと主張する者もある。かような見方に或る真理が含まれていることは認められねばならぬが、しかしその場合には社会そのものが単に客体的なものとしてでなく、却って主体的なものとして理解されるのでなければならず、従って社会的批評も批評としては或る主観的なものの意味を含むのでなければならぬ。

二

社会的批評もしくは社会史的方法は文献学的方法よりも高次のものと見られることができる。それはすでに文献学的批評の終った作品の上に活動するものである。従ってそれは歴史的批評としては文献学的批評よりも一層批評的である。社会的批評は古典として何か永遠のものと見られているものについてその歴史性を、その社会的制約を明かにすることにおいて批評的である。すべて批評は批評としてつねに或る破壊的意味を含んでいる。文献学的批評でさえすでにそうであるということができるであろう。ゲーテがニーブール風の文献学的歴史的批評に対して一種の嫌悪を感じたのもそのためであった。社会的批評は永遠の古典と見られるような作品に対してさえその歴史性を暴露することによって批評的であることができる。文献学的批評や社会的批評は前に述べた如く批評というよりもむしろ歴史といわるべきものでありながら、それらが批評と考えられる一つの理由も、そこに破壊的意味が含まれるところから理解されるであろう。批評の本性のうちにはつねに破壊的意味が存する限り、それらは確かに批評である。しかるに古典というものはそのような客観的批評を越える或るものをもっており、それ故にこそ古典であるのである。かような古典の古典性を成立せしめるものは何であろうか。ひとはそこに逸速く何か永遠というものを考えるであろう。しかしながら抽象的に永遠を考えることは多くの意味を有しない。

我々はまず反対に、批評が古典に対して破壊的意味を有するとすれば、古典を古典として成立せしめるものはむしろ歴史であるといおうと思う。批評が破壊を意味するとすれば、歴史はこの場合保存を意味する。かようなものとして歴史は伝統である。伝統なしには古典は考えられないのである。

次に社会的批評が文献学的批評よりも一層批評的であると考えられる理由は、後者が過去から過去を見る立場に立っているに反して、前者が現在から過去を見る立場に立っているところにある。文献学的批評は過去の作品を純粋にその過去の時代において捉える。しかるに社会的批評はそうでなく、それが本来関心しているのはプロレタリア階級というが如き現在の問題であり、過去の作品に対する批評も根本においてこの階級的見地に関係して行われるのである。社会的批評が歴史でなくて批評であるのはそのためである。これに比して文献学的批評は一層純粋に歴史的であるともいい得るであろう。かくて知られる如く、批評は現在からの批評として本質的に批評的である。歴史家の興味がつねに過去の時代の作品に向うに反して、批評家の主なる関心の対象が現代の作品であるということもこれに関聯している。古典が歴史に、現代の作品が批評に、それぞれ分割的に従属するかの如き状態が生じて来る理由もそこにある。社会的批評は現在の立場に立っている故に、根本においては決して単に客観的なものでなく、却って主観的なところがある。社会といっても主体的なものとして捉えられているのでなければならぬ。純粋に客観的であるのはむしろ文献学的批評である。社会的批評は主体的な立場に立つものとして実践的意味を含んでいる。一般に批評が批評であるのは、それが実践の、即ち文学そのものの範囲についていうと、それが現在における作品生産の立場に立つというところに考えられなければならぬ。

右に述べた限りにおいて明かになったことは、歴史と批評との対立は、前者が客観的であるに反して後者は主観的であるということ、前者が過去的であるに反して後者は現在的であるということ、前者が観想的であるに反して後者は実践的であるということに存するという点である。歴史と批評との統一の問題もこのような点から考えてゆくことが必要である。

ここで一応吟味すべきことは、我々が社会的批評は批評として主観的であるとか現在的であるとかいった意味である。社会的批評は、普通に理解されるところに従うと、却って反対に飽くまでも客観的でありまた歴史的である。それは確かにそのとおりである。しかしただそのとおりである限りにおいては、社会史的方法にはどこまでも制限があるのである。すでに述べた如く社会的批評はかようなものとして作品の芸術的価値の評価に対して不十分である。それのみでなく文献学的方法や社会史的方法における客観主義は、いわば作品の周囲を彷徨するのみであって、作品の中心を把捉することができない。それは作品の成立のもろもろの外的原因を説明することができるにしても、最も内的な原因は解明することができない。作品が作られる最も内的な原因というのは作家の天才である。真の文学史はかような天才、その創作活動の過程を能う限り明かにすることに努力しなければならぬ。天才というものは分析的に捉えられず、直観的に全体的に捉えられるのほかない。直観によって美的な作品を一全体として特徴附ける内面的な調和が理解されねばならぬ。作品は作家の個性から発する一個の独自的な全体である。天才は作品を成立せしめる諸原因の一つというようなものでなく、他の諸原因とは全く秩序を異にするものである。他の諸原因が客観的なものであるに対して天才は客観的に捉えることのできぬ主観的なものである。客観的方法は天才の創造作用の中心に触れることができない。文献学的方法の如きが傑作に対してよりも凡作に対して一層適切に用いられるという理由はそこにある。ところで作家の天才が作品を一つの全体として内面的に作ってゆくものである限り、客観的歴史的批評は作品に対してはどこまでも超越的批評と見られねばならぬであろう。社会的批評はかようなものとして、超越的批評であると考えられるのがつねである。しかしながらもし単にそのように考えるならば、文献学的批評も同じ意味において超越的批評であるといわれ得るであろう。しかるにいま文献学的批評は批評でなくて歴史であり、社会的批評はこれに反して批評であると見ることに理由があるとすれば、社会的批評の超越性は何かそれ以上の意味を有するのでなければならぬ。即ち社会的批評は主観的なものを客観的な立場から批評するという意味において超越的批評であるというよりもむしろ逆に、それは客観的に自己自身における一全体として与えられたものを主観的なもしくは実践的な立場から批評するという意味において超越的批評であるのである。或いはそれは過去の作品を現在の立場から批評するという意味において超越的批評であるのである。社会的批評の有するかような意味は先に述べておいたところから明かであろう。その場合、過去と現在とは単に連続的に考えられてはならず、却って非連続的に考えられねばならぬ。批評の超越性は根本においてそこに成立するのである。批評はこの意味において本来超越的でなければならない。社会的批評が批評として不十分であるという点は、主観的なものを客観的な立場から批評するところにあるというよりもむしろ客観的なもののうちに含まれている主観的なもの——蓋し文学作品も、あらゆる歴史的なものがつねにそうであるように、主観的にして客観的なもの、客観的にして主観的なものである——を把捉し得ないところにある。言い換えるならば、単に超越的批評であって同時に内在的批評でないということが社会的批評の有し得る欠陥である。

三

丁度その点において解釈学的方法はすぐれたものをもっている。それは文献学的方法もしくは社会史的方法とは反対に作品を一つの全体として、しかも内面的に理解しようと欲する。それは作家の天才或いは創作活動、すべて主観的なものを重視する。解釈学は内在論的立場に立ち、作品の内在的解釈であるということを特色としている。かような解釈学の種々の形態と見られ得る文学史における精神史的方法、ドイツの所謂文芸学、その応用として現われた日本文芸学、等々についていま批評することができぬ。我々はただ一般に解釈学をこれまで述べて来た意味における歴史と批評の問題に関聯して一応検討しておこう。解釈学は批評であるか。内在的批評が批評である限りにおいてそれは批評である。もしも批評が内在的批評でなければならぬとすれば、解釈学こそ真に批評的であるともいわれるであろう。またすべて批評は何等かの意味において主観的でなければならぬとすれば、解釈学は批評である。それは作品の美の理解に対して関心をもっている。それにも拘らず解釈学は、それが畢竟文献学の範囲に属するように、歴史であって批評でないと考えられねばならぬところがある。なぜなら批評は本質的に超越的批評の意味を含まねばならないのであり、しかるに解釈学はどこまでも内在的な立場を出ることができないからである。解釈学は諸作品の間に連続的統一を立てることに巧みであるだけ、それらの間の非連続性を捉えることができない。解釈学は歴史の発展を有機的連続的なものと見て、その非連続的な、飛躍的な方面を見ない。解釈学はその内在論の必然的な要請として歴史の全体が完了的に与えられたもののように考えて、歴史を真に発展的に考えることができない。解釈学は現在から過去を見る立場に立つのではなく、却って過去から現在を見る立場に立っている。解釈学は要するに観想の立場に立つものであって、実践の、それ故に現在における文学の生産の立場に立つものでない。これらすべての点から見て、解釈学においては超越的批評というものが考えられず、その限り解釈学は歴史であって批評でないといわねばならないのである。

そこで再び古典の問題に還って考えてみよう。文学上の古典といわれる作品は完璧性を有する一つの全体として歴史の中に高く聳えている。かような作品に対しては謙虚な態度をもってただそれを理解することに努力すべきである、作品の美的価値はすでに定まっている、それに対しては価値批評（作品の美的価値の評価）も不用である、それに対しては解釈学が最も適切な方法である。かように考えることができ、また多くの場合実際そのとおりになされている。古典的な作品に対しては社会的批評はもちろんつねに、文献学的批評でさえ場合によっては冒瀆であるように考えられるであろう。しかしながら如何なる作品も歴史的に成立したものであり、すべて歴史的なものは主観的に限定されると同時に客観的に限定されたもの、自己自身において限定されると同時に環境において限定されたものである。それは内的であると同時に外的である。従って如何なる作品も単に解釈されるのみでなく、批評されねばならぬ。古典といえども文献学的批評を通過せねばならぬのみでなく、また社会的に批評されねばならぬ。確定されているように見えるその芸術的価値そのものも現在における文学の生産の立場から新たに評価されることが必要である。批評は批評として破壊的な方面をもっている。けれども社会的批評といえども単に破壊的であるのでなく、また建設的である、それによって作品の積極的な社会的価値が新たに見出されることは古典にいよいよ光輝を与えることである。批評がその本性上つねに破壊的意味をもっているとしても恐るべきでないであろう。ニーチェのいったように、生が歴史に仕えるのでなく、歴史が生に仕えねばならぬ。そして生は歴史を破壊することなしにみずから歴史を作り得ない。

しかしながら或る作品が古典として定まるのは単に現在の批評にのみよるのではないと考えられるであろう。文献学的批評も社会的批評も古典がもたねばならぬ芸術的価値の高さを決定し得るものでないことは先に述べておいたが、現在の価値批評でさえもが何等かの作品を古典として決定し得るものでない。古典が古典として定まるには伝統が、それ故に歴史が必要である。古典は伝統において古典として定められているのである。ところでこの場合まず歴史そのものが絶えず批評を行い、かような批評の過程において古典がおのずから定められてゆくと考えられるであろう。言い換えると、歴史そのものが本質的に批評的であると見られ得るのである。まことにそのとおりである。しかしながら伝統というものは歴史のかような批評的な、それ故にまた破壊的意味をも含む面を現わすのではない。批評が歴史の否定的な面を現わすとすれば、伝統は却ってその肯定的な面を現わすのである。歴史はみずからのうちに自己肯定的な衝動を含んでいる。この衝動はパトスと呼ばるべく、パトスはその本性において自己肯定的である。伝統といわれるものはこのパトスを根柢としている。古典は伝統としてパトスによって支えられ、かようにしてミュトス（神話）として存在する。古典というのは歴史においてミュトスとして浄化されたものである。作品は神話の意味を得るに従って古典の地位に上る。すべての古典は神話の意味を有し、神話として我々に働きかける。神話の意味を全く抽象してしまっては古典の古典性は失われてしまうであろう。古典は単に古いものとして神話の意味を有するのでなく、却って生きた伝統として、現在に働いているものとして神話の意味を有するのである。神話は我々の実践にとっても必要である。古典は神話として、それ故に単に批評によって定められるものでない故に、歴史の世界のうちに秩序を建てることができる。もし古典というものがないならば、或いはもし古典というものが絶えず何等かの批評によって定まるものであるとしたならば、歴史の世界は秩序のないものとならねばならぬであろう。かようにして古典は批評に属するというよりも歴史に属するということができる。

もとより古典が古典として定まるには批評がなければならぬ。無数の作品のうち一定のものが古典として選び上げられる基礎にはすでに価値批評がなければならぬ。またそれが古典として迎えられるということのうちにはその社会的価値についての批評がいわば自然的批評として含まれているであろう。それのみでなく多くの古典は一定の歴史的時代において古典として復興されたものである。復興の現象なくして古典はないといってもよいほどである。しかるに復興ということはその時代の現在の立場から過去のものが批評されるということである。批評を含まない復興はない。復興はつねに現在の立場からの復興として批評的である。新しい批評の見地が現われるに従って過去のものが新たに復興されるのであり、そしてそのことは過去のものが古典として新たに発見されること或いはすでに古典であるものの新しい意味が発見されることを意味している。古典復興の事実こそ歴史の含む批評的な面が単に破壊的なものでなく、また積極的な建設的なものであることを示している。しかし復興によって新しい伝統が建てられるということは、同時に旧い伝統が毀されるということである。かくして批評は両面的である。古典は神話の意味を含んでいるが、復興はまた単に批評的でなく、同時に新しい神話を建てる運動である。もちろん古典は如何なる場合においても単なる神話或いは単に神話として妥当するものでなく、却ってつねに価値批評に堪えるものでなければならぬ。かようなものとして古典はそのイデー的価値においてすぐれたものでなければならぬ。一言にしていうと、古典はイデー的なものであると同時にミュトス的なものである。かようなものとして古典はノモス（法）的なものであるということができる。ノモスとは単にイデー的なもののことでなく、イデー的なものが同時にパトス的意味を含むときノモスというのである。古典は単にそのイデー的価値において妥当するのでなく、同時にミュトス的価値において妥当しているものとしてノモス的である。ノモスは法という意味においてイデー的なものを現わすとともに、慣習或いは伝統という意味において単にイデー的なものではない。古典はノモス的なものとして歴史の世界に秩序を建てるのみでなく、我々に対して命令するという意味をもっている。
かようにして明かになったことは、歴史と批評とを区別して考えるとき、両者は互に対立するものでありながら統一しているものであるということである。歴史的なものはすべてかくの如く矛盾の統一として弁証法的なものである。現実の歴史は弁証法的なものとして動いてゆく。古典について問題とされる歴史と批評との関係の問題は単に方法論的平面におけるものでなく、根本的には歴史的存在そのもののうちに含まれる問題である。即ち歴史的なものは弁証法的なものであり、古典といわれるものも歴史的なものである。古典が有するかの如く見える永遠性と歴史との関係についてはあらためて考えねばならぬであろう。

（一九三七年四月）

批評と創造

言葉も時代によって変るものだ。支那事変の影響のもとにいろいろの言葉が新たに流行するようになったが、「創造」という言葉もその一つである。以前唯物論の流行した時代には、この創造という言葉は観念論に属するもののように見られて嫌悪された。或る時私が「文化の創造」と書いたらそれは創造でなく「生産」だといって攻撃されたのを覚えている。とにかくその頃は創造という言葉はあまり見られず、流行したのはかえって「批判」という言葉であった。

しかるに最近では反対に創造という言葉が流行して、批判とか批評とかは一概に嫌悪されるようになった。そこに時世の変遷を認めることができるであろう。

もちろん今日創造が強調されるのは適切なことであり、必要なことである。しかし批評と創造とを抽象的に分離して、批評を無用と考えることは間違っている。全く無前提なところから物を作ることは不可能である以上、現存するものに対する批評は創造にとって欠くことができず、創造はつねに批評と結び付かねばならぬ。

もっとも少し注意してみると、この批評嫌悪時代にも一種の批評は、しかも強烈に存在するのである。即ち民衆は自粛、つまり自己批評を要求され、その私生活に至るまで、不断に批評を受けている。ただ反対に、民衆を批評する側は、自己に対する批評を封じ、自己批評に乏しく独善的になっている。

かようにして批評が一方的であることは、単に批評されるのみの民衆の間に虚無的な気持を起させる危険がある。そして虚無的な人々の内部に鬱積するのほかない批評は、非創造的な、ただ批評のための批評となりやすい。他方、自己に対する批評を拒否する独善的な態度においても真の創造は不可能である。批評精神が旺盛であることは社会の健全性を示すもので、批評が一方的でなく相互的になり、かくして官民相率いて新しい国策を創造することが必要な場合である。批評と創造との関係が全面的に具体的に把握されねばならない。

（一九三八年八月）

Ⅱ　文学論

歴史的自省への要求

文学上の作品が凡て何等かの仕方で歴史的社会的な制約を受けているということは疑われないであろう。そのことは先ず作品の内容の方面において容易に認められる。或る時代の作品は多く宮廷生活を描いたし、他の時代の作品は主として町人の生活を描いた。然しかくの如きことがあるからと云って、すぐさま文学そのものが原理的に見て歴史的社会的に規定されているとは考えられないであろう。なぜなら現代においても或る作家が既に過ぎ去ってしまった人物や事件、例えば武士の生活を描くという風なこともあり得るからである。文学の原理はその形式に求められなければならぬように見える。いわゆる内容も文学的形式に這入っていない限り単に「素材」であって、美学上の意味では「内容」とも云うことができないと考えられるであろう。ところで広く歴史を見渡せば、そのような文学の形式というものがまた変化を経ている。形式乃至様式の変遷を叙述するということが文学史の特に重要な仕事であるように考えられているのである。文学的諸形式の変化と発展とは何によって規定されるのであろうか。

この場合、それは対象によってである、と一応答えられるであろう。たしかにそのように見られ得る方面がある。近代的都市の生活を描くためには、或は大衆行動を描くためには、対象自体の性質から規定されて或る新しい形式が必要になって来る。そうすれば文学において取扱われる対象が歴史的社会的に変化するに応じて、文学の形式もまた歴史的社会的に変化すべき筈である。このことは正しいにしても、然し単にそれだけのことでは、なお未だ十分に文学そのものの問題の核心に触れたものとは云われ得ないであろう。一般的に云って、文学は人間の物もしくは生活に対する一定の態度乃至関係の仕方である。従ってそこではまた主観的な方面が問題にされなければならぬ。或は文学は広く創作と云われる。然るに創作ということは対象もしくは客体を模写するという方面からのみでは考えられず、そこには寧ろ主体が自己を表現するという方面が存しなければならない。かようにして文学における形式は単に対象の形式でなく、何か主観もしくは主体の形式という意味をもたねばならぬであろう。そこからまた形式が内容を規定するとも云われるであろう。かくの如き文学における主観的原理は普通に感情と見做されており、そして感情が文学の内的原理であるように考えられる。

然しながら第一に文学は決して単に感情のことではないであろう。フロベールが書いている、「感情が凡てであるといつでも信じてはならぬ。諸芸術においては、形式なくしては何物もない。」この言葉には勿論いわゆる形式主義の響があるにしても、文学において感情が或はまた趣味が凡てでないことはたしかである。フィードラーも云った、「芸術作品は感情でもって作られない、それだからまたそれを理解するには感情では十分でない。」「芸術的に真であることは、意図の、意欲の問題でなく、却って才能の、能力の問題である。」文学的活動は単に感情の事柄でなく、作家の表現的才能、創作的能力の問題である。文学的活動は喜怒の感情がおのずから顔色に現われるというような意味での「表現」でなく、寧ろ「形成」である。文学における表現活動には特定の表現手段即ち言語というものが必要である。それは言語を媒介とする表現である。ところで言語は社会的に与えられたものであり、且つ歴史的に生成し変化するものであるから、その限り文学は歴史的社会的規定を受けるであろう。例えば、現今の日本語は外国語に影響されており、そして外国語の移入は社会的に制約されている。また文学的活動が形成であるとすれば、それはテクニイクに依存するところがなければならぬ。然るにディルタイが彼の詩学において示した如く、文学もしくは或る文学種類のあらゆるテクニイクはその統一性をただ一定の歴史的時代の文化の内容からして得て来るものである。悲劇或は叙事詩の普遍妥当的なテクニイクというものは存しない。芸術上のテクニイクが歴史的文化に規定されているということは、例えば遠近法の発見が絵画に与えた影響の場合を考えてみれば容易に理解されるであろう。或はまたもと文学以外の領域で考えられた唯物弁証法なるものが、今日プロレタリア文学の創作方法として唱えられているというようなこともある。作家は表現手段及びテクニイクの与えられた歴史的諸条件のもとにおいて制作する。尤も、偉大なる作家はみずから言語（文体）を創造し、みずから新しいテクニイクを発見するであろう。フィードラーなどの主観主義的芸術論の主張する如く、このような芸術的創造的活動も人間のものである限り固より純粋な創造ではなく、却って与えられた素材、対象、内容によって規定される方面のあることを認めなければならぬ、形成のテクニイクも表現の形式も、内容を生かすものとして真のテクニイクであり真の形式であろう、然しながらそこには何か創作性というべきものが認められねばならず、そしてこのものは客体の側からでなしに主体の側からでなければ考えられない。

ところで人間の感情もその内容性においてはまた歴史的に規定されているのである。先ず感情はそれ自身だけで孤立しているものでなく、表象や思惟などの諸機能とつねに一定の関係を取り結んでいる。ここに感情の歴史性が成立する。そしてただ感情というものがあるのではなくて、それはつねに「誰か」の感情である。作品も誰かの作品である。フリードリヒ・アルベルト・ランゲが何処かで云った、「それが諸対立においてであるにせよ、直線的にであるにせよ、自己自身から発展する哲学というものがあるのでなく、却ってただ彼等の教説も含めて彼等の時代の子供であるところの哲学する諸個人があるのみである。」かくの如き考察の仕方は文学の場合にあっても甚だ大切なことであろう。然しながらここでは特にそのような人間の問題は「天才」の問題において集中され、その頂点に達する性質のものである。近来あまりに無視されている天才論の新しき開拓は文学論の発展のために重要である。

それはここで立入るにはあまりに大きな且つ複雑な問題である。然し単に個人的なものは天才的なものでなかろう。天才も社会的なものであり、且つ社会的に規定される方面がなければならぬ。けれども天才は単に時代の子供であるばかりでなく、また時代に先駆し、時代を超越するところがある。かくの如き時代に対する先駆もしくは超越は如何にして可能であろうか。そのことが考えられ得るためには人間がいわば一重のものでなく、寧ろ二重のものであること、言い換えれば人間において主体と客体との分裂のあることが認められねばならぬ。またこのとき社会的なものを単に客体の方面においてのみ考えるべきでなく、そして主体的なものを単に個人的と見做すべきではない。人間は単に個人でもなく、単に社会でもなく、却って人間はその全き現実性においては社会と個人との弁証法的中間者である。中間者たることが人間の最も根本的な規定である。かかるものとして人間は二重の意味における歴史、即ち私のいう存在としての歴史及び事実としての歴史に属する。文学上の作品が或る超時代的な意味をもつということも、何かそこに客観的に一定不変のものがあるというように説明さるべきでなく、寧ろ事実としての歴史の存在としての歴史に対する非連続を認めることを手懸りとして理解されねばならぬであろう。もちろん主体的事実も客体的存在によって規定されるところがある。然し客体も主体との内的関係を離れては文学の内容となることができない。作家の「世界像」はどこまでも客観的歴史的に規定されている。然しながらそのような芸術的世界像をその根柢において規定しているものは、その作家の「世界観」である。世界観はその根源に従えば主体的歴史的なものである。私が歴史哲学において論述した如き歴史の二重の意味及び両者の弁証法的対立及び統一の把握によって文学の世界の構造の理解への端緒も与えられるであろう。

（一九三三年四月）

性格とタイプ

ポール・ブールジェは小説を風俗小説と心理解剖小説とに分けている。何かこのような区別が認められてよいであろう。もちろん、あらゆる分類は形式的だ、然しそれだからこそそれは有益なのである。ブールジェによると小説のこのような区別は人間の捉え方の相違にもとづいている。凡ての人間は、或る側面から見れば、彼がそれを代表する環境及び階級の産物であり、——他の側面から見れば、この階級における孤独の人物、この環境における独創の人物である。風俗小説はその一方の側面から、分析（心理解剖）小説はその他方の側面から人間を捉えて描くのである。

小説を何かこのように区別するとして、いずれが本格的であるかということについては、いろいろ議論のあり得ることであろう。近頃の日本のいわゆる「本格小説」論は、よくバルザックが引合に出されるように、風俗小説をもって本格小説とする傾向がある。然るにブールジェは、彼自身の作家的立場からしても想像されることであるが、バルザックの出現及びその影響をフランス小説史における蝕のように見ている。フランスにおける最もフランス的なものはモラリストであり、フランス人は中世以来のあらゆる伝統によってモラリストでコントウルである。我々の国民的芸術の凡ての変遷にも拘らず、フランス語で書き、従ってフランス的に思考する人間が存在する限り、我々はつねにそれにとどまるであろう、とブールジェは云うのである。だからフランスにとっては心理解剖小説が寧ろ本格的だということにもなるであろう。尤も彼は風俗小説が不可能であるとか、無価値であるとか、と考えるのではなく、風俗小説と解剖小説との二つの形式は相並んで栄えることができ、また栄えるべきであって、一方の例は他方の起ち上がることを助けるものである、という風に見ている。宇野浩二氏であったかが先達て強調して云われたように、日本の小説の優秀なものは伝統的に殆どみな心境小説乃至私小説であって、それが日本にとっては本格的なものであると考えることもできるであろう。国民性と芸術との関係は多くの研究を要する問題である。それにしても、近頃の本格小説論、バルザック風の風俗小説乃至社会小説の要求にも全く重要なものがあることは確かで、それが特に今日の文学の事情に痛切な意味を有するということも疑われない。

そこでブールジェによると、人間は一方では社会に属すると共に、他方では性格をもっている。いま作家が、或る人間をその群の他の見本と類似する側面から描こうとするか、それともその人間がその群のなかで区別される側面を描こうとするかに従って、手続の上に大きな相違がなければならぬ。第一の場合では、作家は平均的な諸人物——というのは彼等は一の環境の習慣を最もよく代表するから——を選び、これらの人物を沢山に出会われるような境遇におき、またその階級のヴァラエティを多様にするために人物を殖すということが必要である。これが風俗小説の規則であって、それはバルザックの『人間喜劇』の総序に言い表わされている、とブールジェは考える。即ちバルザックはジョフロワ・センチレールの理論を応用してそこで次の如く書いている。「唯一つの動物しか存在しない。……動物は、そこで発展するように定められている環境において、その外的形態、或いは、一層正確に云うならば、その形態の諸差異、をとる一原理である。動物学上の種はこのような諸差異から結果する。……私は、この関係のもとに、社会が自然に似ているのを見る。自然は人間から、彼の活動がそこで展開される環境に従って、動物学に諸々のヴァラエティがあるのと同じように沢山の異った人間を作らないであろうか。」と。然るにもし小説家が心情や性格のニュアンスを明かにし、激情の生成にあたり感情の争において行われる内的な活動を露わに示そうと思うならば、彼はかかる内面的生活が最も豊富であるような人物、その個性が環境よりもつねに強くあり得るような人物を選ばねばならぬであろう。彼は稀なる情況、特殊な危機を好んで選ぶであろう、なぜなら人間の奥底はその場合において最も完全に示されるから。彼は人物の数多いことを避けるであろう、なぜなら強い内面的生活というものは我々の感受性が甚だ少数の存在の上に集中されるということを予想するから。

かくの如くブールジェは、やや概括的であるにしても、風俗小説と心理解剖小説とにおける創作方法上の相違を説明した。私はもちろんかような問題に立入ろうというのでない。ただブールジェの説明からも知られる如く、小説には「タイプ」を描こうとするものと性格を描こうとするものとの区別があると考え得ることに注意したいのである。風俗小説は前者に属し、心理解剖小説は後者に属すると見られてもよい。尤も風俗小説と心理解剖小説との区別と云っても相対的だ。バルザックにモラリストの方面がないと云えば大きな間違いであろう。同じように、性格及びタイプの概念も、我々がいわば術語的に区別しようとするほど明瞭に、実際において区別し得るものでなく、寧ろ普通には二つの語は同じ意味に用いられていることが多い。それだからと云って、両者が区別され得ないわけでなく、またそれを区別することが無益であるわけでもないように思う。

例えばこの頃の心理小説である。このものはタイプを描いているとは云われないにしても、然しそれは十分に性格を描いている。新しい心理小説は、古い心理解剖小説において考えられたように、心理を行為の原因と見るのでない、寧ろ心理の根柢に「行為」を考え、この行為は外的行為のことでなく却って「無」とも云うべきものである。――「虚無と行為、これについて私たちはもう一度考え直さねばならぬときが来るであろうと思う」（横光利一氏）。――この行為は、云ってみれば、創造されたものの運動のことでなく、創造するものの行為、創造するものそのものである。心理を行為の原因と考えるのは正しくないことと思われる。なぜなら、我々の行為は意識的に行われるよりも遥かに多く「無意識」において行われ、従って動機——行為の動機は普通に心理と考えられている——なしに行われる、いわゆる「無動機の行為」である。そればかりでなく、もし心理が行為の原因であるとすれば、心理から行為が必ず結果せねばならぬに拘らず、実際はそうでなく、一の行為の原因は寧ろ他の行為である。然るにかくの如く行為と行為との因果を考えるならば、それは外的物体の「運動」の如きものと何等異らぬことになり、特に「行為」というものは考えられない。そこで次のように、普通にいう行為即ち外的行為の原因は、「無」とも云うべき内的行為であって、心理は両者を媒介するものと見られなければならぬ。外的行為というのは客体的なもの、内的行為というのは主体的なものであって、心理は客体を反映するばかりでなく、一層根源的には主体を表出する。人間心理は有を写すばかりでなく、寧ろ無を顕わにするのである。我々の心は深まれば深まるほどそこに無が開かれて来るのであり、無の力が示されて来るのである。形無きものの形を見ようとすることが我々の心の最も内的な要求である。ところで、ブールジェなどのように、心理を行為の原因と見るならば、その場合には心理を描くことがタイプを描くということになり得るにしても、新しい心理小説においての如く、心理がそのように見られず、また心理をそのように見ることが真でもないとすれば、心理を描くことはタイプを描くこととは別の、独立のことであり得る。然し心理はどこまでも性格的なものである。純粋に心理を描くとして、その場合タイプは描かれはしないが、性格は十分に描かれることができる。いな、純粋に性格を描こうとすれば心理を描くことによるほかないとも云える。

ところでタイプは如何であるか。タイプは外に見られるものである。従ってタイプを描くためにはいわゆる「観察の美学」が必要である。タイプという概念にも種々の意味が考えられる。先ず、ブールジェが述べた如き「平均人」というようなものがタイプであると考えられる。このようなタイプはもちろん観察によって見出されるものである。或る時代、或る社会の「風俗」を描こうという場合には何かこのようなタイプが描かれねばならない。然るに例えばギリシア彫刻はタイプを現わしているという風に云われる場合、それは平均人の如きものでなく寧ろ「典型人」乃至理想的人間を表わしていると考えられる。けれどもこの場合においてもそれはタイプとして決してただ観念的なものでなく、却って極めて現実的なものである。イデー的なものと云っても既に客体的なものである。観察の美学を除いてタイプは構成されず、そのようなリアリズムを離れて古典主義はないであろう。観察――ロゴス的意識――は高まるに応じて統一し組織する。ゲーテの云った如く、「我々は世界のうちへ注意深く眺め入る凡ての場合において既に理論している」のである。見ることの意味はタイプ的に見ることであると云われてもよいであろう。

けれどもまたタイプは単に観察によって作られるものでない。プロットの構成の如きものは我々はこれを「発見」と云い、然しタイプの構成は我々はこれを「創造」と呼ぶ。タイプは芸術家の創造するものである。ゲーテは彼のグレーチヘンを全然原物を観察することなしに自分で考え出したと言ったと伝えられている。そして、実際、彼は多分それを何等外部に見出さなかったであろう。彼の創造物が寧ろ原物であって、我々は時としてグレーチヘンに似た者を現実の少女のうちに見るように感じるのである。バルザックの描いた人物にしてもやはり単に観察によって発見されたものでなく、彼の創造したものである。ブランデスはバルザックを浪漫主義者としているが、そのような方面もあるであろう。

このようにしてタイプは一般的に云えば芸術家の観察とインスピレーションとの結合から生れる。その意味でタイプはどこまでも「構成」されるものである、性格は「叙述」されるとすれば、それに対しタイプは構成されるものである。言い換えれば、タイプはロゴスとパトスとの結合から生れるのであるが、しかもタイプの構成にあってはパトスは主体的意識でありながらどこまでも客観的なものに向おうとし、即ち希求的にはたらくと見られる。かように客観的なものに対するアスピレーションの意識（パトス）がエロスにほかならない。このエロスは宗教的な愛即ちアガペとは異っている。エロスは神の愛でなく、エロスは却ってデモンである。そして「デモンの協力なしには芸術作品は存しない。」（ジード）。タイプは一般には観察と希求との結合であるが、そのいずれか一方がまさっているに応じて平均人と典型人というようなタイプの区別が生ずるであろう。メーヌ・ド・ビランが云ったように、あらゆる自然のうちにはたらく「組織」と「結晶」という二つの作用が人間の生のうちにもはたらいているとすれば、観察（ロゴス的意識）のはたらきは組織であり、――ロゴスは語原的に「集める」という意味をもっている――エロス（パトス的意識）のはたらきは結晶である――スタンダールの恋愛論を比較せよ。かくしてまたタイプに組織的タイプと結晶的タイプという区別を考えてもよい。

性格は寧ろ自然的なものである。これに対してはタイプは形作られるもの、その意味で教養的、文化的また歴史的社会的なものである。性格は人間存在の諸々の可能性を表わす、然るにタイプはこのような可能性の限定されたもの、もしくは実現されたものである。性格は内的なものである、内的でないような性格はない。然るに単に内的であるようなタイプはない。性格がタイプに限定されるには、そのうちにテエヌの云った「主導的能力」（ファクュルテ・メエトレス）のようなものを考えることもできるであろう。芸術家は実際何かそのようなものを考えることによってタイプを構成している場合がある。けれどもまたタイプは具体的には環境において、社会において、歴史において形成されるものである。このことは決してタイプが量的意味において平均であることを意味するのではない。もし人間がただ環境からのみ限定されるものであるとしたならば、人間はタイプであることもできないであろう。タイプは単なる平均でなく、タイプ自身が個性であり、人間が真に個性的になることはタイプ的になることを含んでいる。性格は唯一つでも性格である、それだから性格を描くためにはただ自己をのみ追求することでも足りる。然し個性は他の個性に対するとき真の個性であるのである。「我々は未だ個性でなく、個性たらんと努めている。」とロマン・ロランが云っている。我々は既に性格である、我々が自然であるように。性格を形成することによって我々は個性に成るのである。タイプは形成された性格である。このような形成作用は組織と結晶とであって、このはたらきは人間の生そのもののうちに含まれている。

心境小説からの脱却という要求は性格を描くことからタイプを描くことへの要求であると考えることができる。それにしても問題は、組織的タイプか結晶的タイプかということであろう。

（一九三三年一一月）

レトリックの精神

今日、文学における新しい精神というものを求めるなら、それはあの、特に若い世代によっていわれている人間性の探求という標語のうちに見出されるであろう。人間性の問題は最初プロレタリア文学に対する批評として現われ、プロレタリア文学の発展の停頓と共に漸次普及した。そのために人間性の探求の要求は一見プロレタリア文学と全く対蹠的な立場に立つものであるかのように見えた。事実それはプロレタリア文学における社会的見方並びにイデオロギー的方法の人間性に対する重圧に向って抗議的に投げ掛けられた言葉であった。そこで人間性の探求の問題は、これをテマ的に展開しようとするや否や、必然的にプロレタリア文学を通じて持ち出された二つの重要な問題に、即ち一方では社会性の問題、他方ではイデオロギー性の問題に面接せざるを得ない。かようにして先ず第一に、今日人間性の探求について語る者は人間性と社会性との関係を問題にすることが普通のようである。この問題はたしかに重要な、そして根本的な問題である。しかし私はここに第二の、同様に根本的で重要な問題、即ち文学における人間性の探求とイデオロギーとの関係の問題に注意したいと思う。もちろん、二つの問題は相互に関聯しているのである。

　文学におけるイデオロギーの問題というと、さしあたり文学と思想の問題というように考えられる。思想は文学にとって外的なもの、外部から附け加わって来るものと考えられるであろう。思想は客観的なもの、一般的なものと見られるであろう。イデオロギーをもって書くということは、過去のプロレタリア文学の多くにおいてはマルクス主義理論の適用ということになり、あの公式主義的類型的文学の傾向を生じ、文学は創作でなく論文や解説もしくはその代用物に堕し去ったという批評を行わせた。かような文学が人間性の無視、喪失、虐殺に終ったのは言うまでもないことである。それでは、与えられた思想によって書くのでなしに、作家がみずから思考して書くとしたら如何であろうか。事態はたしかに改善され得るように見える。しかしながら思考するということは或る客観的なもの、一般的な理論に到達するためではないか。思想はかような客観的なもの、一般的なものとして、思考するという主観的作用の結果、その生産物にほかならない。従って思想によって書くということは、思考して書くということの簡約化、経済化に過ぎないとも見ることができる。いずれにしても思考するということが客観的なもの、一般的なものを思考することである限り、文学における人間性の問題とイデオロギー性の問題とは相容れない二つの事柄でなければならぬように思われる。なぜなら人間性を問題にするということは具体的なもの、性格的なもの、個性的なもの、主体的なものを問題にすることであるからである。しかし他方、文学から思考を除外し排斥するということは無意味であるのみでなく、不可能でもあろう。文学は言語の芸術である。そしてロゴスというギリシア語が言語を意味すると共に思考を意味する如く、言語と思考とはどこまでも一つのものと考えられる。文学は思想の芸術ともいわれている。偉大な文学はつねに偉大な思想を含む。プロレタリア文学にしても単にイデオロギー的であるという理由で芸術的に価値が低いとはいわれないであろう。かくて文学における思想乃至思考の問題は根本的な点において困難に出会うかのように見える。もし人間性の思考というようなものがあり得ないとすれば、人間性の探求ということも無意味な言葉になり終りはしないであろうか。

ここにおいて我々は思考の両重性に注意しなければならない。この両重性を現わすために、我々は論理学（ロジック）的思考と修辞学（レトリック）的思考という語を術語的に導入しようと思う。普通に思考というと、論理学的思考のことが考えられている。論理学は思考の学であり、その法則を研究する。この場合思考は客観的思考であり、一般的なもの、従ってまた抽象的なものの思考である。かような論理学に対してレトリックというものがある。レトリックは言語に関する学であるが、言語と思考とが一つのもの或いは不可分のものである限り、レトリックもまた思考の学の一種と見られてよい筈である。我々は実にそのように考える。レトリックはその本質において単なる雄弁術乃至いわゆる修辞学でなく、言語文章の上の単なる装飾、美化の術ではない。近代の哲学はレトリックの問題を殆ど全く無視もしくは忘却しているが、それはその抽象性と貧困化とを語るものである。哲学は自己の本質を失わないためにここでも自己の端初、即ちギリシア哲学に還らなければならない。ギリシア哲学においては論理学よりもレトリックが寧ろ先位を占めていた。この事実は哲学が生の現実、民族の社会的生活と現実的な聯関にあったことを示している。その『オルガノン』によって論理学の父と呼ばれるアリストテレスは、これと並んで『アルス・レトリカ』という極めて重要な著作を遺している。ただこの著作の有する意義は今日なお遺憾ながら一般には十分に理解されていない。レトリック的思考はロジック的思考に対して如何に区別することができるであろうか。いま当面の問題に関係する限りその点を明かにしよう。

誰かを相手にして話すとき、我々はつねに或るレトリックを用いている。そしてそのとき全く無意味に話しているのでない限り、我々は思考しつつ話しているのである。従って我々の用いるレトリックは我々の思考の仕方を現わしている筈である。もし如何なるレトリックにもよらないで話すとすれば、我々は自分を他人に十分に理解させることができないであろう。レトリックは特殊な思考の仕方であり、相手を説得することに、その信（ピスティス）を得ることに関係している。かようなものとしてレトリックも特殊な証明を含まなければならぬ。レトリックにはレトリックの固有の論理がある。レトリック的な証明はエンテュメーマと称せられる。それは論理学的な証明即ちシュロギスモスとは性質の異るものであるが、一種の論証であって、アリストテレスによるとレトリック的なシュロギスモス（推論）と看做され得るものである。ただ論理学的な証明がロゴスのうちにあるのに反して、レトリック的な証明は却ってパトスのうちにある。レトリック的に話す、従ってレトリック的に思考する場合、我々は相手が如何なる状態にあるか、彼の感情とか気分を考慮に入れ、思考の仕方はそれによって規定されている。言い換えるとレトリック的に思考するとき、我々は相手のロゴス（理性）よりも彼のパトスに、もしくは彼自身のレトリック的思考に訴え、それにふさわしい言語的表現即ちレトリックを用いるのである。聴き手においてパトスが言葉によって動かされるとき、聴き手自身が証明の道具となる。しかし更に重要なことは、かようなレトリック的思考はつねに話し手自身のパトスに結び附き、これによって規定されている。それは各人のエートス（性格）に従ってそれぞれ異るところの性格的な思考である。性格は根本においてパトス的なものである。レトリック的思考はその証明を話し手のエートスのうちに有するようなものである。それは各個人において異るばかりでなく、各々の国民、各々の社会、各々の世代において異っている。既にしばしば述べた如く、我々がパトスとか主体とかいう場合、決して単に個人的なものを指すのではない。例えばひとはドイツ哲学とフランス哲学とは考え方が違うなどという。このときもし考え方というものが、論理学的思考方法の意味であるとすれば、両者の間に差異のあるべき理由はないであろう。論理学的思考は普遍妥当性を有し、各国民各個人等において相違すべきでないからである。それぞれに相違し特殊性を有するのはレトリック的思考、主体的にパトス的に規定された思考でなければならない。同じように、もし我々がフランス文学の精神とドイツ文学の精神とは異るというならば、その差異は主として両者におけるレトリック的思考の相違にもとづくであろう。フンボルトは各々の言語は個性を有し、その国民の到達した世界観の産物であるといっている。言語は単に論理的なものではない。それは、世界観と同じく、パトス的なものの表現の方面を有している。

レトリック的思考は主体的に規定された思考であり、その根柢にはパトスがある。それとの区別において、ロジック的思考は対象的に限定された思考と見られることができる。後者の内容が一般的なものであるとすれば、前者は個別的なものに関わるといわれるであろう。論理学的思考は真理性 Wahrheit に関わるに対して、レトリック的思考の関わるのはむしろ真実性 Wahrhaftigkeit である。これは客観的論理的に見ると蓋然的な価値のものでしかないであろうが、論理的なものよりも更に深い意味において真理であるということができる。レトリック的思考も思考としてロゴス的なものであるとすれば、このときロゴスはまさに聴くものであって、語るのは却ってパトスであるともいえるであろう。もろもろのパトスは、或いは囁くもの、或いは話すもの、或いは叫ぶものである。パトスは声なき声である。それは見られるものというよりも聴かれるものである。思考は根源的には見ることでなくて聴くことである。そこに思考にとっての根本的な或る受動性が存在する。近代の哲学は思考作用をあまりに一面的に能動的なものと考え、そのために抽象的な主観主義に陥らねばならなかった。根源的に能動的なものはむしろパトスであり、ロゴスはパトスの囁きや話し声や叫びに応じて語るものである。悟性の活動を動かすのは感情である。固より我々は思考の能動的方面にも注意することを怠るべきではない。思考の本性は受動的能動性にある。パトスは本来語るものですらなく、自然の如く沈黙せるものといえる。声なき声を聴くという意味ですでにロゴスは或る能動的なものである。しかし思考の能動性はアランがいった浄化作用というようなところに認められるであろう。アランは悟性の役割は感情とか感動とかいうものの浄化作用にあると述べている。思考との接触によりその浄化作用を通じてパトスは見られるものとなり、或る具象性を得てくる。思考の自然的進行はつねに感情からイデーへ行く、とアランはいっている。イデーは見られたものである。いな、イデーは見られたものであると共に見るものである。なぜなら、このようなイデーはその根源において能動的なパトスに起因し、絶えずこれによって担われているのであるから。このイデーが芸術家の物を見る「眼」にほかならないであろう。もしこのイデーを思想と呼ぶならば、文学における思想というのは根本においてかくの如きものを意味するであろう。かくの如き思想は文学にとって外部から附け加わって来るものでなく、却ってそれなしには創作活動もあり得ないようなものである。それは客観的世界の概括乃至説明としての理論の如きものでなく、却ってその根柢には深いパトスを蔵している。そのような思想は公式的なもの、一般的なものでなくて、性格的なものである。作品に含まれる思想はただその作家とパトスを共にすることによってのみ真に理解されることができる。かくの如くパトスを共にする（シュムパティア）ところの、この意味での同情或いは共感にもとづく思考である点に、レトリック的思考のひとつの重要な性質がある。直観と呼ばれるものはこの意味における同情的思考であろう。ベルグソンも同情と直観とを一つのものに考えている。思考は純粋になればなるほど孤独になるのでなく、むしろ同情的になる。同情というのは、単に対象と一つになるということでなく、もと人と人との関係である。パトスの対象となるのは何よりも人間である。レトリック的思考の根柢にはつねに人と人との関係がある。それは論理的であるよりも倫理的である。レトリック的思考は我と物との関係ではなく我と汝との関係において成立し、かかるものとして本来最も具体的な意味においてディアレクティッシュなものである。

私はイデーは見られたものであると共に見るものであるといった。従っていまの場合思想は思想であると共に思考である。これは思想が生命的なものであることを意味する。このような思想はすべてみずからスタイルを具えている。いな、思考のはたらきなしにはスタイルはあり得ない、しかしこの思考の根柢にはパトスがあるのであり、従ってまたスタイルはパトスのうちにあるのである。フロベールは書いている、「スタイルは言葉の下にあると同様に言葉の内にある。それは作品の魂であると同様に肉である。」言葉の下にあるもの、作品の肉であるものはパトスにほかならないであろう。しかしこのものはスタイルの価値のものであるが、なおスタイルではない。スタイルは作家の思考である。それは作家が物を見る「眼」である。スタイルは装飾のことでもなければ、単にテクニックの問題でもない。ひとはレトリックによってスタイルが作られるというように考えている。まことにその通りであろうけれども、そのときレトリックはひとの考える如く単なる修辞学、文章の美化の術のことではあり得ない。スタイルを作るのは我々のいうレトリック的思考でなければならぬ。

かようにして人間性の探求とレトリック的思考との結合はもはや明瞭である。我々の日常の言語においてさえ我々の用いるレトリックは相手の人間性、彼の性格、気質、感情、気分等の理解と結び附いている。人間性の理解なしに用いられるレトリックは無駄であり、無意味である。レトリック的思考は人間学的思考であるということができるであろう。人間性の探求は、かかる探求者即ちモラリストと呼ばれる者を定義しつつヴィネェが述べた如く、人間性をドクトリン化することでなく、人間性についてのイデーを与えることである。人間性をドクトリン化することは心理学、生物学、社会学など、種々の客観的科学に属している。人間性についてのイデー、上にいった意味での思想を与えるのは文学が第一であろう。この場合人間性の探求における思考は概念的論理的思考ではなくレトリック的思考である。論理学的思考が客観的なものの思考であるのに対して、レトリック的思考は主体的なものの思考である。このような思考は或る直観的なものであり、芸術家の根本能力とされる想像力或いは構想力はこのような思考を離れてないであろう。人間性の探求においては、科学の二本の松葉杖といわれる観察と帰納の方法もこのような想像力の生命的な力に生かされるのでないと前進することができない。ひとはしばしば人間性の探求はモンテエニュなどの場合のように懐疑によると述べている。ところでこの懐疑の固有の立場はロジック的思考の立場ではない。論理主義の哲学者は懐疑論は自己矛盾に陥り、論理的に不可能であると論じている。懐疑の立場はレトリック的思考即ち主体的に規定されたパトス的な思考にとってのみ真実性を有するのである。今日文学の再建が問題になっているとき要求されるのは、懐疑とか不安とかとは反対に、意欲の確立であるといわれるであろう。意欲は如何にして確立され得るか。思考することなしには不可能である。しかしそれは作家が一定のドクトリンを確立することではなく、まさに意欲を確立することであり、彼の思考がパトスからイデーへ行くこと、作家の眼が、思考のスタイルが確立されることである。意欲は燃焼するも、それを見ゆるまた物を見えしめる火とするのは思考のはたらきである。

アンドレ・ジードはこう書いている、「文学において自己を怖れるとは何という馬鹿げたことであろう。自己を語ること、自己に関心をもつこと、自己を示すことを怖れるとは。（フロベールの苦難の行の必要は、彼にこの偽れる悲しむべき効果を考え出させたのである。)」レトリック的思考は、如何なる場合にも自己を語り、自己を示している。文学において自己を語るというのは、例えば私小説においてのように、単に自分に関することを描くことではない。文学の言葉においてはパトスはロゴスに向って告白するのである。上にいったように、ロゴスはパトスの声を聴くことによって語る、そこに最も深い意味での告白がある。かような言葉が真に表現的である。ジードは続けて書いている。「パスカルはモンテエニュに、己を語るといって叱責した。そしてそれを滑稽な痒がりだとした。しかし彼みずから、自分の意に反して、そういうことをしたときほど、彼が偉大であったことはない。彼がこう書くとする。『キリストは人のために自分の血を流した』と。その彼の言葉は何等の効果をももたずして落ちる。だが、『私は』という言葉がはいって来るや否や、すべては生きてくる。そしてこの神が彼の許に来るならば、彼は君僕で呼ぶであろう。『僕は君のためにこんなに血を流した』と。この特別の血を、君のために、ブレーズ・パスカルよ……そうすれば、我々の誰でもが、この讃うべき君僕の言葉使いに、己が理解されていることを感ずるのである。」いったい自己を語るということは現実的な意味においては他の自己に対してのみ可能である。私が私を語り得るのは汝に対してのみである。物に対しては私は私を真に語ることができない。豊島与志雄氏は右の文章を引いた後、書いている。「この君僕の言葉使いは、文学の上では直接には為されない。然しながら、そういう言葉使いが為されてるかどうかは、読者の胸に伝わるものである。そしてそれによって読者は、作者の意欲の性質を感ずるのである。これは文学の深奥な道である。然し、感性に訴えるこの道は、理性に訴える論説や説教の道よりも、案外短距離である。」この君僕の言葉使いこそレトリックの精神を示すものである。この精神によって作家は真に読者に呼び掛けることができる。レトリック的に思考することによって作家は自己の意欲、自己の思想を読者に伝えることができる。そのとき作家は理性や論理に訴えるのでなく、パトスに、この感性的なものに訴えるのである。しかもレトリック的な思考はつねに我々の現実の生活のうちに含まれ、生きている具体的な思考にほかならない。もちろん、そのような君僕の言葉使いは文学の上で直接になされ得るものではないであろうが、レトリックの精神は生かされなければならぬ。問題は単に修辞上のことでなく、思考方法のことであり、単に表現の仕方に関することでなく、文学の精神に関することである。

レトリックは元来社会的なものである。それはギリシアにおいて法廷、民衆議会、市場等、国民の社会生活の中から生れた。アリストテレスによると、レトリックは弁証論の孫であると共に、倫理学の孫である、そして彼にとっては倫理学と政治学とは別のものでなかった。レトリックは単に会話の術でないにしても、決して独語ではないのである。レトリックは自分を相手に、社会に説得する方法であった。それは論理学によって論証し説明するのではなく、相手のパトスに訴え、相手の信（ピスティス）を得ることに努める。けれども思考なしには説得することはできないであろう。真の文学は固有の論理によって説得する。それは理論によってでなくレトリック的思考によって説得するのである。それが説得するという意味で如何なる文学にも宣伝的意義が含まれるということができる。文学が宣伝であるということは、文学に議論や説教を勧めることではなく、真にレトリック的に思考するように要求することである。パトス的な思考がレトリック的であるということは、パトスの根本的な社会性を現わしている。文学上の迫真力というものも、このような思考とその固有の論理の説得力を除いて考えられないであろう。ただ物を忠実に描くというような単なる客観主義からは迫真力は生じて来ないのであって、そこにレトリック的思考がはたらかねばならぬ。レトリックは独語でなく、相手に向っての思考であるところから、レトリックと一緒に考えられる種々の悪弊、例えば単に読者における心理的効果をのみあてこんだり、またそのために徒らに装飾や美化を行うというようなことが起り易いであろう。しかしながらレトリック的思考の本性はそのようなところにあるのではない。この思考も思考として厳密を要求する。自己のパトスにおける真実、主体的真実性なしに真のレトリック的思考はあり得ない。思考の主体的真実性を求めるのがレトリックの精神である。文学の社会的機能を考えると同時に自己における主体的真実性を求めるということがレトリックの精神であろう。論理学的思考において厳密であることはむしろ容易であり、レトリック的思考において厳密であることは極めて困難である。孤独な思考は真実であり得ても、レトリック的思考には虚偽が混入し易いものである。

現実的な言葉は、アリストテレスがいったように、話す人、それについて話される物、聴く人という三つの要素から成り立つと考えることができる。これに応じてレトリック的証明も具体的には三つの要素を含んでいる。それは上に述べた話し手のエートスによる証明、聴き手のパトスによる証明、そして話される物についての客観的証明である。初めの二つは広い意味ではパトスにおける証明と見られることができ、これに反して最後のものはロゴスによる証明である。従ってレトリック的思考も完全であるためには論理学的思考の要素を欠くことができない。対象的なもの、客観的なものの思考は論理学的でなければならぬ。かような論理学的思考の生産物を普通いわれるように思想と呼ぶならば、思想は文学にとって何等不必要なものではなく、むしろそのような思想の乏しさが我が国の従来の文学における欠点であった。そのために日本の文学には局部的な直観の深さや思考の細かさはあるにしても、西欧の文学に見られるような綜合、構成、外延に欠けていた。我が国の作家は思想に対して余りに甚だしい軽蔑、反感を懐いているのがつねであった。この点においてはいわゆるプロレタリア文学がイデオロギーの重要性を力説したことには意義があったといわねばならぬ。つぎつぎに現われる印象を何等の思考も加えないで綴り合わせることがリアリズムではない。個々の印象を概括し、統一し、普遍化し、かくして偶然的なものを除き、本質的なもの、必然的なものを引き出して来ることによって、現象を展望する客観性は得られる。芸術は具象性をもたねばならぬからといって、現象を無差別に描かねばならぬのでなく、却ってそれを整理し、その間の聯関を認識し、統一して再現しなければならない。そこに論理学的に思考することが必要であろう。しかしながらその場合、論理学的な思考はただそれだけ独立に進行するのでなく、つねにレトリック的思考と結び附き、むしろこのものの一要素、一側面でなければならぬ。思想はこのようにして生きた思想となり、それ自身が或る直観性を得てくる。作家がイデオロギーを取り入れること、経済思想、社会思想、哲学思想を勉強することは必要であり、我が国の作家にはもっと勧められてよいことである。それらの理論は何よりも客観の整理に役立つであろう。けれども文学が何かそのような理論の応用という如きものであり得ないことは明かである。イデオロギーは作家においてレトリック的に思考され直さなければならぬ。これは単に理論を個別化し、特殊化するというのとは別のことである。イデオロギーは自己のパトスにおいて確かめられ、性格化され、内的に必然化されなければならない。そうすることによってイデオロギーは作家の眼を養うことができ、真の思想とも真のイデオロギーともなり得るのである。

（一九三四年一月）

文章の朗読

われわれの学校時代には国語の時間に朗読を課せられるのがつねであった。子供のある家の前を通ると、そこの子供の朗読の声が垣根から漏れて来ることが珍しくなかった。このごろでは散歩に出てもラジオの音が聞えて来ることのみ多くなって、読本の朗読の声はあまり耳に入らなくなったが、学校で朗読が課せられるのは、今も昔と変らないようである。

漢文はことにそうであった。文章のうまみは朗読しなければわからないという風に考えられていた。私が第一高等学校にはいった時、漢文の先生は塩谷青山先生であったが、先生は生徒に朗読させてその平常点を附けられた。先生御自身たいへん朗読が好きでまた得意でもあったので、生徒が心得て、先へ進むことが嫌なばあい先生に朗読をお願いし、折々失礼な話だがアンコールを叫んで、幾度も繰返しておなじ文章を朗読していただいたものである。

子供に朗読を授けるということは、その発声器官を整調し、その発音を正しくする上に有意義なことであろう。それはまた演説や講義や説教の調子を覚えるためにも役立ち得るに相違ない。ドイツ人はとりわけ朗読が好きで朗読の技巧の習得を教養の一つと考えているらしいが、私の留学中或る牧師の家に寄寓した時、主人は同じ職業に準備しようというその子供に毎日詩の朗読をさせて、私などもしばしばその聴き手として呼び出されたことがある。大人にとっても朗読は最も手軽に出来る芸術的享楽のひとつとなり得るであろう。ラジオを聴くひまがあれば、自分で朗読するがよい。眼で読むことが次第に多くなったわれわれは、時々朗読の楽しみを想い起さねばならぬ。

朗読に適するのは何よりも詩であり、もしくは詩の要素の、あるいは雄弁の要素の多い文章である。現在のことはあまり知らないが、われわれの習った読本の文章はたいてい朗読に適する、従って口調の好い文章であったように思う。教科書の文章は名文とされており、学校の作文の時間にも努めてそんな調子の文章を書くようにしたものだ。ところがそういう文章が現代の散文の模範であり得るかどうかが問題である。

アランの芸術論集の中の散文論を見ると、アランは散文を詩および雄弁に対立させ、真の散文はこれらのものに固有なあらゆる要素を否定し、排除することによって確立されると書いている。詩や雄弁がもと耳で聞かれるものであるに反し、散文は本来声を出さないで眼で読まるべきものである。文章の中に演説口調、説教口調、あるいは講義口調の出るのは散文がまだ若く、十分純粋になり切っていない証拠である。それだから立派な散文は音読によって確かめられ得る、すなわち読み手の技巧は何一つそこに附加することができない、彼はおのずと停頓し、また読みはじめ、もとへ戻る。かくの如くアランが云う通りであれば、立派な散文はもと朗読に適しないものであるはずである。そこでもし散文のうまさ、面白さを教え、味わわせようというのであるならば、学校における文章の朗読についてもいろいろ考え直してみるべき問題が存することになる。散文芸術は近代的なものであり、その発達はわれわれの黙読の習慣とも関係があろう。

いったい漢文口調とか文語体とかいわれる文章は朗読に適したものである。文章が上手になるには漢文をしっかりやらねばならぬといわれて来たが、それも今ではどれほど正しいか。尤も他方においては、そのような詩的乃至雄弁的要素の多い文章を習うことは、ちょうどデッサンを習うようなものだとも考えられ得る。詩はあらゆる文学の基礎であるともいわれよう。しかし換骨奪胎ということがぜひ必要である。プロフェッサーの文章にその職業的習慣から演説口調、講義口調が出たものの多いのは散文としてどうであろうか。この点でわれわれの先生では深田康算博士の文体のごとき敬服すべく、学ぶべきところが多いのではないかと思う。

（一九三四年一月）

作品の倫理性

ちょうどこの十一月二十日が歿後二十五年にあたったトルストイは、その芸術論の中で、世界文学の諸作品を倫理の立場から、彼自身が理解したキリスト教的倫理の立場から、激しい言葉をもって批評した。求道者トルストイの人道主義的情熱には我々の心を強く打つものがある。しかし多くの人々は彼のそのような芸術批評の立場には同意しないであろう。倫理は芸術にとって外在的であり、このものから作品を評価することは正しくないと考えられる。トルストイにおいて作品の倫理的批評が何を意味したかは今私の問題でないが、ともかくかように作品を倫理的に評価するということは彼の場合に限られず、むしろ一般の読者が作品に対するとき極めて普通に行われていることである。

私はここでいわゆる外在批評、内在批評の問題に立入ることができぬ。いずれにしても、作品は一箇の独立の生命を有するものとして社会のうちに産れ落ちる。それは表現的なものとして読者に働き掛け、一定の仕方で彼等に作用する。この関係はある意味において人と人との行為的関係に異ならない、人間そのものも表現的なものであり、表現的なものとして他の人間に働き掛けるのである。もし後の関係、即ち人と人との関係を倫理的というならば、前の関係、即ち作品と読者との関係もまた倫理的と考えることができる。実際、或る作品に出会うことは我々生涯にとって一人の人間に出会うより時には重大な関係をもっている。トルストイは、その芸術論の中で、芸術の意味は人と人とを結合することにあると述べたが、このように作用するとき作品が全くひとつの倫理的力であることはいうまでもない。

かくて作品の倫理性はまず、それが歴史的世界のうちに産れ落ち、この世界において働く一箇の独立の生命を有する歴史的物であるということから考えられねばならぬ。

歴史的世界はドロイセンのいったように「倫理的世界」であって、この世界において芸術もひとつの倫理的力である。歴史的世界は行為の世界として本来倫理的であるが、同時にそれはディルタイ以来よくいわれるように表現の世界である。歴史的なものは表現的なものであり、また歴史的行為はすべて表現的行為の意味をもっている。我々の行為は表現的なものに対することによって喚び起され、表現的なものによって媒介される。芸術作品は表現的なものとして働く人と人とを媒介するものであり、トルストイのいったように人と人とを結合する。

作品の倫理性は根本においてはかかる見地から、繰返していえば、作品がつねにただ歴史的世界のうちに産れ落ち、しかもこの世界において働くものであるということ、そして作品が表現的なものとしてその一員である歴史的世界が倫理的世界であるということから理解されることが重要である。さもなければ作品の倫理性を問題にすることは、芸術にとって、しかし倫理にとっても外面的な事柄でしかない道学者的談義となってしまうであろう。倫理の問題を通俗倫理の修養論と考えてはならぬ。

そこで次に創作作用の立場から見るとき、作品と倫理との間には普通に考えられるよりも遥かに密接な関係が認められるであろう。出来上った作品を単に美的に享受する立場からいえば、倫理は作品にとって外在的なものと考えるほかないにしても、作品が生産される過程から見れば、倫理はむしろ作家の創作活動の一つの内面的な動力原理である。従って作品を倫理的に批評するということは、単に作品の心理的効果を考えることとは異り、作品の生成の根柢を突詰めることでなければならぬ。作品をただ美的に評価するというだけでは、作家の秘密に達することは不可能であろう。却って我々は批評のうち作家の秘密を深く捉えたものが多くは倫理的批評であることを見出すのである。

小説の構成において人物は重要な位置を占めているであろう。しかるに倫理なくして作家は人物を作り得るであろうか。倫理なくして作家は人物を働かせ一の人物と他の人物とを関係させ得るであろうか。倫理を意味するエートスという語がもと性格を意味するように、倫理は人間を内から作っているものである。人と人との関係する行為の世界は倫理的世界である。小説的世界といっても、人間がそのうちにおいて生れ、そして働く世界であるとすれば、倫理は小説の構成にとって内面的な原理であるべきはずである。また作家は性格批評とか人間批評とかいうものを行うことなしには人物を描くこともできないであろう。しかるにそのような性格批評や人間批評には、特別にかかる研究に関心した思想家、文学者がフランスではモラリストと呼ばれている如く、つねに倫理的なところがある。如何なる作家もモラリスト即ち人性批評家の要素をもっている。モラリストの研究は今日いう人間学の如きものであるが、如何なる作品もかかる人間学的なものを含んでおり、それは同時に倫理的なものである。

ところで作品は芸術的活動において作られるものであるように、我々人間の存在もすべて表現的行為の意味を有する行為において作られるものである。作家の人間というものも作品と別個に存在するのでなく彼の芸術的活動そのものにおいて作られるものであり、だからこそ彼の人間は彼の作品のうちにおのずから表現されている。同じように作家の倫理といっても、作品において作られる人物と別個に存在するものでなく、作品と内面的な関係にあるべきものと考えられねばならぬ。

私は現在我国の多くの作家にとって恐らく最も深い苦悶は、彼等にとって確立された倫理がないということではないかと思う。倫理が確立しておれば、人物を作ること、その行動を構成することも容易であろう。スケールの大きな小説が出来ないといわれるのも、倫理が確立されていないことに原因が存するのではなかろうか。今日の作家の困難は、旧い倫理はもはや用をなさず、しかも新しい倫理が社会的にも作家自身においても未だ確立されていないところにあると思われる。

作品の倫理性に関聯して考うべき第三の点は、文学の通俗性の問題である。本年の文壇においてもしばしば論ぜられた文学の通俗性の要求は、作家にとって倫理が確立されていないことから生ずる苦悶の一つの現われであると見られ得る。文学の通俗性は倫理の問題を除いて考えられない。通俗性のある作品とは倫理をもった作品である。このことはいわゆる通俗文学乃至大衆文学を見ればよくわかる。漱石などが或る通俗性をもっているのも、その作品の倫理性によるであろう。大衆文学と純文学との差異は、一方が倫理的であるに反し他方は倫理と没交渉であるという風に考えらるべきでなく、その根柢とする倫理の種類の相違に、或いは倫理に対する態度の相違に求められねばならぬ。

大衆文学は通俗文学として倫理的である。それはしばしば勧善懲悪の文学である。この種の文学においては、いくつかの徳目また不徳目が前提され、それを基礎として人物が構成され、従ってその人物は多く類型化されている。馬琴の八犬伝の如きは模範的な場合であろう。かように徳目が挙げられ得るのは、その倫理が、あることをせよ、あることをするなと命令する諸格率から形作られている倫理である故である。通俗倫理はかくの如き格率的倫理であって、大衆文学の通俗性はその倫理が通俗倫理であることに基づいている。

純文学はもちろんかような通俗倫理を根柢とすることができず、むしろそれに対して批判的反抗的であるのがつねである。殊に今日の如く社会の危機に遭遇するとき、従来習慣的になっていた倫理も動揺する。大衆文学的通俗性に満足しない作家は新しい倫理を求めなければならぬ。危機の文学とか不安の文学とか叫ばれるものは、かくて倫理の探求ということを重要な特色としている。そこでは格率的に固定された倫理が外に見出されないところから、倫理は勢い自己のうちに、主観性もしくは内面性のうちに求められる。しかしながら倫理は、ヘーゲルも論じたように、主観的倫理に留まる限り抽象的であり、客観的倫理にまで発展しなければならぬ。行為するとは内面から脱け出ることであり、またすべての行為は本来社会的である。従って倫理的な不安の文学においても真の倫理は発見されておらず、だからまさに不安であった。

これに対してマルクス主義の文学は却って倫理的であり、その意味でまた通俗性をもっているともいえる。この文学が倫理的でないと考えてはならぬ。それがかつて善玉悪玉の文学、勧善懲悪の文学の如きに堕していると非難されたのも、その作品の倫理性を示すものである。しかし、もしこの非難の意味する如く、そこに人物の類型化があるとすれば、倫理は却って文学にとって外面的なものとなり、倫理の本質的な一面であるべき主体的真実性を欠くことになるであろう。かくて横光氏のいわゆる純粋小説で通俗小説であるような作品の要求は、倫理に関していえば、内面的にして同時に社会的な倫理に対する要求でなければならず、かかる倫理の確立は作品の生産の条件であろう。

（一九三五年一二月）

哲学と文芸

哲学と文学とは根本において同じ問題をもっている。そのような問題は、例えば、運命の問題である、自由と必然の問題、道徳と感性との対立の問題である。或いは神と人間の問題、また人間と自然との交渉の問題である。或いは死の問題、愛の問題、そして家族、国家、社会等に関する問題である。文学作品を分析する場合、我々はつねにこの種の問題を見出すのであるが、それらの問題はまた哲学にとっての問題にほかならぬ。文学の取扱う問題はその実体からすれば哲学の問題と同じである。かような見地において文学はディルタイの云った如く「生の解釈」と見られることができる、それは現実的な生の、その諸問題に従っての解釈である。あらゆる文学作品は特殊なもの、限定されたものを描きつつ、いわばその地平線において無限なもの、一般的なもののうちへ流れ入る。歴史的に制約された状況から生じたもの、特定の生活経験から得られたものは、作家的体験において生の一般的意味との関係におかれる。文学は「生の理解の器官」となる。すべての偉大な作家の発展のうちには、生をその一般性において理解し、個々の具体的な経験を人間の一般的運命、事物の一般的聯関とのつながりにおいて眺めようとする傾向が存在している。かくして文学は我々に世界の解釈を与える。

もとより、文学と哲学とはその問題が同じであり、共に人生及び世界の解釈であると云っても、その取扱いの仕方、その手段は同じでない。哲学が生の問題の論理的解釈であるのとは異って、文学はその形成的解釈もしくは解釈的形成である。言い換えれば、哲学が概念的であるに反し、文学はどこまでも具象的でなければならぬ。哲学は思惟の純粋な抽象性のうちに運動し得るとしても、文学は具体的な形象と体験の世界を離れることができぬ。しかしながら、そのことは決して文学が単に個々のもの、特殊なもののうちに留まるということを意味しない。却ってすぐれた文学作品にあっては、個々のものにおいてそれを越えた関係が見られ、個々のものが生のうちに捉えられた聯関の象徴となり、個々のものが生の本質の表現となっている。文学は言語を手段とする芸術として絵画や音楽などに比して特にかくの如きことに適合している。なぜなら言語は感覚的なものに縛られることなく、実在と観念との全領域に亙って自由に運動することができる。かくて文学は多くの場合思想と事件との綜合を企てている。物語において事件が突然進行することをやめるかのように見え、思索が代る、人物の独白や会話が事件の意味を照らし出す。また事件の進行の中で人物が自分自身や事件そのものについてなす反省が現われて来る。そしてそれらの結合を通じて作家の人生観世界観が表現されている。

言語の芸術である文学は他の種類の芸術に対して「思想芸術」と称せられることがあるように、文学と哲学との間には密接な関係が見出される。それは先ず多くの哲学的文学の存在によって明瞭に示されているであろう。哲学者はしばしば自己の思想を文学的形式をもって表現した。詩の形式、対話の形式が好んで用いられた。ギリシアの初期哲学者たちの箴言詩を始め、ルクレティウスの有名な「物の本性について」という六脚韻の詩などはその例である。哲学的対話は、プラトン、ブルーノやバークリ、ライプニッツ、その他が試みている。これらの或るものにおいては文学的表現が哲学的思想の単なる外衣に過ぎないものもあるが、プラトンのいくつかの対話篇の如く、文学作品としても世界文学の傑作に数えられ得るものがある。また或る種の哲学者は、その思想の特異性のために、或いはその取扱おうと欲する対象の特殊性のために、概念的構成を斥け、文学的形式にその表現を求めている。ニイチェなどの場合がそれである。特にモンテーニュ、パスカル等、フランスのすぐれたモラリストたちの哲学がそれである。彼等の著作にあってはその思想と文学的表現とが全く内面的に結び付いていて、ひとは彼等を哲学者と見るべきか文学者と見るべきかに迷わねばならぬほどである。更に文学者が具体的な体験を次第に離れて一般的観念の領域の中へ足を踏み入れている場合も少くない。かくして文学者自身によっても哲学詩、哲学的対話、哲学的小説などが作られた。シラーの「理想と人生」、テニスンの「イン・メモリアム」その他、無数の例を挙げることができる。もしまたラスキン、ペーター、サント・ブーヴ等のエセエを取上げるならば、哲学的文学の領域は限りなく拡がるであろう。エセエは哲学的文学の代表的なものである。

しかし、このような哲学的文学もしくは文学的哲学は哲学と文学との密接な関係を端的に示すに足るにしても、それらは哲学としては本格的なものでなく、また文学としても純文学に属せず、いわば文学と哲学との「中間領域」に横たわるに過ぎない、と考えられるであろう。もしそうだとすれば、哲学と文学との関係は一層内面的なところに求められなければならぬ。それは根源的には作家がその取扱う個々の具体的な経験を一般的な聯関に結合し、一般的な意味に関係づけようとする内面的要求そのものにおいて認められることが必要である。かかる内面的要求のうちには人生観世界観に向う傾向が内在しているのである。作家の有するこの内的傾向に対して、彼の周囲から種々の哲学がやって来るであろう。彼は或る場合にはそのいずれかを取上げて自己の目的に役立てるであろう。文学と哲学とは根本においてその問題が同じである故に、文学者の哲学研究は彼等にとってつねに有益であることができる。かくしてエウリピデスはソフィストを研究したし、ダンテはトマスやアリストテレスを研究した。ゲーテはスピノザを、シラーはカントを研究した。その研究は彼等の作品に大きな影響を与えた。

しかしながら文学はもとより哲学的世界観の単なる応用というが如きものであり得ない。もし作家がその世界観をただ外部から得ることですませるならば、彼の作品は真の文学作品でなくならねばならぬか、それともその世界観は彼の作品の全体との内面的な関聯を有することなくただ個々の箇所から拾い出され得るに過ぎぬものとなるであろう。作家はその世界観を哲学乃至科学的に見て不十分な言葉をもって語ることに満足すべきではない。むしろ作家の真の世界観は、彼の取扱う多様なものを統一し、複雑な部分を結合して一つの有機的全体とするエネルギーに存するのである。かかる統一、結合、聯関を作家はその制作活動を通じて形成するのであり、そのことにおいてまた彼はみずから一個の世界観を作り出す者である。文学は世界の解釈としてそれ自身の仕方でしばしば新しい世界観を作り出した。作家にとって世界観が外部から与えられた場合においても、それを作品形成の内面的エネルギーとするために、彼には無限の文学的努力が必要でなければならぬ。

文学が哲学から影響されるばかりでなく、哲学もまた文学から影響される。ギリシアにおいて詩は科学的哲学の成立を準備したし、ルネサンスの時代においても文学の復興は哲学の復興を準備した。哲学者は文学作品を研究することによって時代の新しい問題がどこにあり、また問題の新しい解決の仕方が如何なる方向に存するかを知ることができるし、また知ることが必要である。そればかりでなく、文学にとっても哲学にとってもその問題はまさに現実の生そのもののうちから与えられるのであるから、そこに意識的な移入・依存の関係が存在していない場合においても、同時代の文学と哲学との間には構造の類似関係が含まれるのがつねである。かくて一定の時代の研究者にとって文学は哲学の註釈として役立ち、哲学はまた文学の註釈として役立つという関係が見出されるのである。

（一九三五年一二月）

芸術の思想性について

一

私が直接に考えてみたいのは文学の思想性の問題である。しかし私はここに芸術の思想性という一般的な表題を故意に掲げることにした。というのは、過去数年において屢々論ぜられ、そして今日では多くの人々がそれに対して若干疑惑的にさえなっている文学の思想性の問題を新たに取上げ、正しく理解するためには、これを或る程度一般芸術論に関係づけることが必要であると考えるからである。およそ一般芸術論を基礎として、そのもとで一般と特殊との関係に従って文学を論ずるということは、特に近年我が国の文壇においては殆ど季節はずれに属することとなってしまっている。そのためにも文学的な、あまりに文学的な文学論が生じているように思われる。

このような事態は、これまで一般芸術論の位置を占めていた美学が次第に無力なものになったということに、その一つの重要な原因を有するであろう。美学のこのような無力化は、美学が形式的抽象的であるということに基き、また後のことは美学が従来主として哲学者によって叙述されたという伝統の影響にも依るであろう。もちろん哲学者が自己の体系の一部として美学を展開することはそれ自身何等反対さるべきことでなく、彼の自由な権利であると共に彼の義務でさえある。問題は根本的にはその哲学そのものの性質に、従ってまた美学そのものの性質にある。美学は現実に存在する諸芸術との具体的な内面的な聯関を含むものとならなければならない。しかし或る人々は、美学は一般に芸術論の理念として不適当であると主張しており、そしてそのような主張のうちには我々も賛成せざるを得ない有力な論拠がある。いまその一二を挙げてみよう。先ず、ヴォリンガーはゴシック芸術の形式の問題を論ずるにあたり、これまで美学と云われるものはクラシックという特定の様式の芸術を基礎として作られたものであるから、それをもって他の様式の芸術を律することは不当であると述べている。美の概念はクラシック芸術の現象の前提として考えられ、美学は、その研究方法が如何なるものであるにせよ、いずれもかような美の概念を定義することにのみ努力して来た。しかるに例えばゴシック芸術の真の偉大さは、美の概念において頂点に達する普通の芸術観念と何等関わりあるものでなく、ゴシック的価値を現わすものとして美の概念を取り入れることは却って混乱を惹き起すことになる、と彼は云っている。ひとは多分同様のことを東洋の芸術についても云い得るであろう。美学がクラシック芸術とは全く異る前提の上に立つ芸術上の諸事実を説明しようとするとき、越権となり、害悪となる。従って客観的な芸術理論は従来の美学から自己を決定的に分離することが必要であるとヴォリンガーは論じた。次に注目すべきものは、フィードラーの見解である。彼は、従来の美学の根本概念であった美の代りに真理の概念を、正確に云えば芸術的真理の概念を芸術理論の中心に置こうとした。芸術のあらゆる考察、あらゆる理解、あらゆる評価にとって方向を定める中心点は芸術的真理の概念である。芸術的真理における実質のみが芸術作品の永続的価値を決定する。すべての他の性質、従って美の如きも副次的であって、作品の一時的効果を基礎付けるに過ぎない。作品享受における心理的効果から云えば、美は重要なものであるにしても、作品生産における芸術的活動そのものから見れば、美でなくて真が決定的なものである、とフィードラーは考えた。これまでの美の概念及び美学に対してなされたこれらの批評のうちには確かに正しいものが含まれている。しかしそのことは必ずしも直ちに美学そのものの否定とはなり得ない。確かに美学はクラシック芸術のみを根拠として理論を形成した従来の態度を改め、歴史的に与えられた多種多様な芸術様式の領域へ視野を拡大することが必要であろう。またそれは従来の美の概念を芸術的真理の概念によって訂正することが必要であろう。特にそれは芸術を享受や理解の方面からでなく、創作活動そのものの立場において考察することが必要であろう。しかしこれらのことも一般芸術論としての美学の不必要を意味するものではない。美学の原語エスセチックスがもと感覚論という意味を具えているように、感覚性、具象性は芸術にとってどこまでも本質的な要素でなければならぬ。私はここで、今日においては既にかなり古い歴史を有する「美学か芸術学か」という論争に立入ろうとは思わない。名称の争いは結局実質の争いに帰すべきものである。もしひとが美学及び芸術学のいずれの名称をも避けようと欲するならば、彼は十八世紀においてその後の美学を実質的に先取していた批評乃至批評学即ちクリチシズムという名称を復活させることもできる。ともかく科学、哲学、その他の文化領域に対立して、相互の内的親縁性の故に等しく芸術と呼ばれる領域が存在するとすれば、美学、芸術学或いは批評学と、どのような名称をもって呼ばれるにしても、一般芸術論が存在し得ることは明瞭であろう。文学は云うまでもなく芸術の一つの種類であり、従って文学論は一般芸術論に対して特殊と一般との関係に立っている。かような関係の自覚に基く文学論が、現在文学論が文学的に、あまりに文学的になっている場合、特に必要なのではないかと思う。それによって文学論は一層広い展望を持ち、その姉妹芸術から新しい光を得ることも可能になるであろう。

それのみでなく、我々の見るところでは、芸術論そのものにしても更に広い聯関のうちにおいて考察されねばならない。ギリシア人はポイエシス（制作）という語のもとに単に今日の詩、また芸術ばかりでなく、職人の工芸的制作的活動を含めて理解し、これらは凡てテクネ（技術）に関わるものと見られた。技術論は確かに芸術の問題にとって、これを制作の立場から考えるとき、従来の美学や趣味批評において云われたよりも遥かに重要な意味をもっている。芸術論が包括的な技術論の一部としてその見地から取扱われることが必要であるとも云い得るであろう。ところでポイエシス（制作）はすべて表現活動である。芸術が表現であることは殆ど異論なしに認められているが、ひとり芸術的活動のみでなく、あらゆるポイエシスが表現活動の意味をもっている。そして他方ディルタイなどの云った如く、芸術はもとより凡ての歴史的現実が表現と考えられるとすれば、あらゆる歴史的行為はポイエシスの、言い換えれば表現活動の意味を含んでいるのでなければならぬ。このようにしてまた芸術論は、一般に表現活動の意味を含む歴史的行為に関する理論の中で、その一般性においてと共にその特殊性において考察されることが必要である。

すでに文学内部において近年漸く著しい地方主義、即ち詩と小説と、小説と劇と、地方的に分離している状態が改善されなければならない。更に文学と他の諸芸術との間におけ る同様の地方主義が改善されなければならない。そのためには今日無力になっている美学ないし一般芸術学が自己の原理を新たに確立して現われることが必要であろう。そして実に、芸術の思想性の要求も、そのような地方主義の克服に対する要求の一つの場合もしくは一つの手段にほかならない。簡単に云えば、文学また芸術への哲学的普遍的精神の滲透が要求される。しかもかような哲学的精神は歴史的行為の哲学の上に立つものでなければならぬ。

二

右に述べた意味での哲学的精神を善かれ悪しかれ持っていたのは、嘗ての華やかな時代におけるプロレタリア文学であった。そのときほど文学の思想性が喧しく論ぜられたことはなかったし、またそのときほど文学と他の諸芸術との間の統一性、連帯性がはっきり意識されていたこともなかった。しかるにその後外的並びに内的事情のためにプロレタリア文学の正常な発展が頓挫すると共に、文学の思想性の問題は次第に後方に退き、この頃では作品批評などにおいてもその点に触れられることが全般的に少くなったようである。かくして作品の芸術性と思想性とは無関係な、むしろ乖離的なものであるかの如く見る傾向が無意識の間にせよ次第に支配的になったように感ぜられる。そこで私はいまその原因を考えながら文学の思想性の問題を再び提出してみたい。

以前プロレタリア文学では、その理論において、少くともその実践において、文学の思想性の問題はかなり抽象的な、従ってその限りにおいて間違った仕方で示された。その印象が遺憾ながら今に至るまで、文学の思想性を語る場合、多くの読者の脳裡に再生されるようである。当時、プロレタリア作家は小説の代りに政治論文を書き、純文学の代りに善玉悪玉の勧善懲悪の文学を作る、などと批評された。ひとは文学の思想性をかの所謂教育詩（ポエジー・ディダクチック）の如きものの方向において考えてはならない。教育詩といわれるものは、時にはゲーテの『ファウスト』までも含めて理解される所謂思想詩とは区別さるべきものである。教育詩において関心されるのは文学であるよりも教義である、定義、理論、教訓である。この種の文学は古くから、ギリシア語でも、ラテン語でも、フランス語その他でも無数書かれた。しかしただ極めて少数のものが現在も生存してなお読まれているに過ぎぬ。ポール・アルベールによれば、かような教育詩の傑作として残り得たのはルクレティウスの『物の本性について』とヴェルギリウスの『農作篇』の二つであって、恐らくなおボアローの『詩学』を加え得るのみである。例えばルクレティウスのこの有名な詩はエピクロスの原子論哲学の説明に捧げられている。けれどもこれらの最も成功した場合においてさえ、教育詩的作品は最高の文学に属するとは云われない。作家は科学的論文がより厳密に、より明晰に述べ得ることを、より漠然と、より不透明に述べるために文学的形式を採ることに満足すべきであろうか。与えられた教義への科学的忠実を示さんがために、彼の自由、彼の想像、彼の感情を犠牲にすべきであろうか。選択は明瞭である。しかるにそれにも拘らず文学の思想性について語る場合、それがともすれば教育詩の方向において理解される傾向があるのは、一方では我が国の文壇において真に思想的なすぐれた作品が現に存在しないということによると云われると共に、他方では文学の表現手段である言語そのものの特性、分り易く云えば、言語が一般的なもの、抽象的なものを現わすに適していて、科学や哲学においても用いられるものであるということにもよるであろう。

　そこで我々は文学の思想性の意味を正しく理解するために、言語の芸術である文学以外の芸術においても思想性が存在するかどうか、存在するとすれば何処に存在するかを考えてみよう。ここにも確かに思想性が存在するのである。他の種類の芸術についても、古典主義、浪漫主義、自然主義、象徴主義、等のイズムの区別が認められることは、すでに或る種の思想性を現わすものと考えることもできるであろう。ゲーテの古典主義が彼のイタリア旅行に影響されたというが如きことは、彫刻や絵画などが特殊な仕方で思想性を有することを示すものとも見られ得るであろう。またドヴルシャックがゴシック建築とスコラ哲学との間にスタイルのアナロジーを指摘したことも同様に造形美術の有する或る種の思想性を現わすものと理解し得るであろう。造形美術におけるかような思想性はもとより言語によってそこに表現されているものではない。それでは思想性はどこに根源的に存在するのであるか。ロダンはグセルとの対話の中で云っている、「なおまた、真の芸術家が巧者な職人であることに満足することができ、知性は彼等に必要でないと考えるのは、変な間違いだ。反対に、精神的抱負を少しも持たないで眼を喜ばせることしか目的としていないように見える像を描き或いは刻むためにさえ、知性は彼等に欠くことのできぬものである。善い彫刻家がどのような彫像をでも作る場合、先ず彼はその一般的運動をしっかりと考案しなければならぬ。次に彼の仕事の最後まで、この彼の全体のイデーを彼の意識の明かな光のうちに精力的に維持し、彼の作品の最も小さいディテイルをも絶えずそこへ引寄せ、そこへ密接につながらせねばならぬ。そしてそのことは思考の極めて激しい努力なしにはやって行けない。」即ち芸術家の思想は何よりも、全体のイデーの把握と作品の細部のこのイデーへの内面的結合とのうちに現われるのである。このような根源的な意味において如何なる芸術も思想を持っている。

文学の思想性の問題を考えるにあたっても、この単純な、しかし基礎的な意味を先ず、また絶えず念頭におくことが大切である。このような思想性は、その表現手段が色彩であろうと言語であろうと、如何なる場合にも、凡ての芸術のうちに存在しなければならぬ。その意味において真の芸術家を作るものは彼における思想家である。強く感じても弱くしか考えず、物の真理の不正確な見方を有する者は下級の芸術家に過ぎない。強く感じ、それに劣らず強く考え、正確な真理を見る者が第一級の芸術家である。作家は概括を、一般化を行わねばならぬ、どのようなリアリズムにもそのことが必要であって、そこにすでに思想がなければならないであろう。けれども他方単に一般化のための思想を有するのみでは作家になれぬ。『農作篇』を書いたヴェルギリウスが詩を害することなしに教育的であり得たとしたならば、それは彼が田園や植物や農夫についての細かな観察を持っていたがためである。具象化されていない思想は文学にとって思想とも云い得ないのである。ゲーテがニュートンの光学を否定したのも、そこでは色彩の観念から分離されていたためであった。そして彼は青の観念を青そのもののうちに、黄の観念を黄そのもののうちに求めた。彼は現象から離れて考え出された世界の観念を拒否した。反対に、彼はこの世界の彩られた現象のうちに凡ての存在、凡ての真理、そして凡ての深さを見出した。芸術家はもとより多様な現象を放置するのでなく、夫《それ》らを結合し統一する。そしてこのような結合と統一の仕方を措いて別に作家の思想と云うべきものは存しない。蓋し特殊と一般との具体的な結合以外に何か現実的に思想というものがあるであろうか。

それだからディルタイの次の言葉は正しい、「詩人の世界観が最も強力に出てくるのは不十分な直接の言葉によってではなくて、むしろ雑多なものを統一し、部分部分を結合して一つの有機的全体とするエネルギーにおいてである。」作家の世界観は、そのものとして抽象的に作品の中の若干の箇所で語られているようなものでなく、また作品の上に浮動しているようなものでなく、更に作品の下に横たわっているようなものでさえなく、却って作品形成の内面的エネルギーである。世界観が作品の大きさも、幅も、深さも決定する。プロレタリア文学の場合に見られたように、作家にとって思想ないし世界観が外部から与えられて受取る場合においても、それが彼にとって真の思想であるためには、その思想が作品構成の内面的エネルギーに転化されなければならない。思想が真であることだけが問題であるのではない、それが真の思想であることが問題なのである。真の思想とは作品形成の内面的エネルギーであるような思想である。かくして芸術にとって思想が外在的なものであるかのように考える見解は間違っている。いな、それどころか、存在と論理ないし思想との同一性という有名な哲学的命題は、芸術において最も具体的に実証されているとさえ云うことができる。素樸なリアリズムに立つことを欲しない限り、誰も此の命題を認めなければならぬ。ただそれの理解が阻まれ易いのは、論理も、我々にとっては形式化されて歴史的に与えられており、思想も、我々にとっては体系化されて外部から与えられているというような、歴史的伝統のすでに古い時代に我々が生活しているという事情に基いている。しかし作家が思想は芸術的活動にとって外在的であると感ずる場合、彼は実は思想の窮乏を感じているのである。真の芸術家は、真の哲学者がそうであるように、論理や思想を既にあるものとして見出すのでなく、それが生れて来るところから捉えなければならぬ。思想は、我々が恰も世界に属せず、世界の外部の或る空想的な点に立って世界を眺めるというような仕方で生れて来るものでない。科学の根柢に技術があると云われるように、思想は動く世界の内部で我々自身動くことにおいて生れて来るのである。知ることとは眺めることでなく、動かし動かされることである。かかる立場においては存在を追求することは思想を追求することであり、思想を追求することは存在を追求することである。動くことは他と関係することであり、同時に自己と他とを包む社会と関係することである。このように動くことが「関係する」ことである故に、動くことにおいて知ることができるのである。そしてそこでは論理と論理とは別の物でない。論理と論理との同一を明瞭に述べたのはヘーゲルであった。倫理は主観的であって、論理が客観的であるのではない。論理も動くものの論理として主観的なところがなければならず、倫理も社会的倫理として客観的なところがなければならぬ。動くものは本来主観的＝客観的なものであり、倫理も論理もまたかかるものである。如何なる作家も倫理なしに書くことはできないであろう。倫理なしには彼は人物を動かすこと、一人の人物と他の人物とを関係させることができぬ。しかるにもしかような作家がなお思想乃至論理に対して嫌悪を有するとすれば、彼が論理の本質を正しく理解しておらず、また倫理と論理との同一性を理解していないためである。

三

右の一般論を補いつつその意味を明かにするために、私は若干の特殊問題に触れておこう。

先達て議論された局外批評家の問題を考えるに、局外批評家とは文学的な批評をするものではなかろう。かような局外批評家が、文壇内部の人々はどう考えるにせよ、ともかく、ジャーナリズムから要求されるとかいうことは、作品の思想性が一般の読者によって関心されるという事実を反映するものである。局外批評家はもとより専門的な文学者でなく、むしろ一般読者の一人であり、そして彼が問題にするのは主として芸術の思想性である。すぐれた芸術はつねに思想を含んでいる。ひとはホメロス、ダンテ、ゲーテ、バルザック、ドストイェフスキー等の作品のうちに如何なる哲学者においてとも劣らず多くの思想を見出すであろう。横光氏の『紋章』の如き作品の有する人気の一つの理由も、この作家が小説において思想を追求しているということにあるであろう。進んで考えるならば、文学の思想性は文学の通俗性の一つの重要な要素である。このことは所謂通俗文学即ち大衆文学を見ても容易に知られる。この種の文学には思想がないのでなく、むしろ積極的に思想が、特に倫理が含まれている。それだから純文学には思想がなくてもよく、むしろあってはいけないということにはならないので、問題は却ってその思想の種類、質にある。ところで大衆文学と純文学という区別は、我が国の文学における思想性の問題に関して色々な問題を提供している。

第一に、大衆文学のうちに含まれている思想は倫理、通俗倫理であるが、そのように、古来我が国において思想といわれるものは殆どみな倫理的であった。倫理的以外の純粋に論理的な、理論的な思想は発達しなかった。古来日本には哲学がなかったと云われる所以である。思想がすべて実践倫理的見地に固着していたことは、日本主義者によっては東洋の「実学」として称讃される特徴であるにせよ、思想を大きさも幅もなく、論理的徹底性を欠いたものにしたことは争われぬ事実である。我が国の思想のかような特質は文学の思想性にとっても深い関係のあることである。思想は実践倫理的見地において心術となり、かかる心術の発達と心境文学の発達とは関係をもっている。ところが明治以来西洋の科学や哲学の移入によって思想の概念も今日では変化した。日本の国語及び文学はかかる意味での思想の表現の伝統をもっていない。そこで新しい文学に対する要求は文学の思想性という一般的な要求となって現われるのである。我が国の作家は文学の思想性に関して伝統の欠如のために甚だ困難な仕事を課せられているのであるが、この困難の克服は今後の文学の発達にとって必要な条件である。文学思想において倫理の有する意味はもちろん大きいに相違ないけれども、今日特に必要なことは世界観にまで拡大され深化された思想の表現である。倫理も単なる倫理に留まらないで、むしろ倫理と論理との同一性の把握が要求されているのである。

第二に、大衆文学に対して純文学と云われるとき、「純」という字も我々には多少気懸りである。日本文化の特徴の一つとして純粋化ということが挙げられる。仏教も日本へ来て純粋化された、けれども仏教の有するあの哲学的組織が日本においてどれほど発達させられたか疑問であり、むしろそれに深く関心しないことによって宗教として純粋化されたとも見ることができるであろう。支那文化も日本へ来て純粋化された、しかし同時にそれの大きさは失われ、執拗さは洗い落されたとも云うことができるであろう。俳諧は発句に純粋化されて行き、長歌は短歌に純粋化されて行った。このように純粋化されるが、しかしそれと共に小さくなるということが日本文化のひとつの特質であるように見える。小説も短篇小説として純粋化され、純文学と云えば短篇小説を意味するというような有様になった。かくの如き状況において文学の思想性に対する要求はむしろ通俗性に対する要求であり、長篇小説に対する要求であり、複雑な構成をもち、多様なものを統一し、重みと深さとをもつ文学に対する要求である。純粋性のために思想性が犠牲にされるということがあってはならぬ。作家は言語の力を恐れてはならず、却ってその力を飽くまでも利用して冒険を試みなければならぬ。他の種類の芸術の用いる表現手段とは違い、言語は存在と共に観念の世界のうちに自由に運動することができる。従って言語の芸術である文学は特に「思想芸術」とも「精神の芸術」とも云われている。言語は個別性と同時に一般性を現わすことができる。そこからエルマティンガーは文芸学の一法則として「個性的なものの不安定な性格の法則としての類型と個別的存在との関係の法則」を引き出した。彼によれば、思惟の抽象的活動にしても、一義的な大いさを作り出す機械的活動でなく、むしろその生産物は流動的なもの、弾力的なものの性格を含む動的活動である。例えば、ひとが「家」という言葉を語るとき、彼がそれによってイタリアのルネサンスの様式の家のことを考えているのか、ドイツのバロックの様式の家のことを考えているのか、定まって現わされていない。思惟の直接的な表現としての言葉の特有性は、それの要素即ち語が感性的＝直観的意味と共に論理的＝概念的意味を有し、二つの価値群の間の関係が決して明瞭に、一義的に規定され得ないということである。云い換えると、言語（思惟）はひとつの対象をつねに個別的存在としてと同時に類的存在として現わし、その際両者に個性的なものの性格が賦与され得る。その具象性を失うことなしに直接に思想の世界に入ることができる言語の力が利用されなくてはならぬ。我が国の伝統的な心境小説と雖も、すでに述べたように、思想を持たなかったのではない。ただ四囲の社会的並びに文化的状況が変化した今日においては、思想といわれるものの意味も変化したのであって、それと共に文学においても新しい思想性とそれに相応した様式とが要求されているのである。純粋性のより包括的な、より綜合的な、より構成的な意味を確立することが我々の文化のあらゆる方面において必要である。

思想性に関して我が国の作家がおかれている困難は、日本の文化が西洋文化の移植後なお伝統が浅いということにも原因があるであろう。もちろん日本の文化はそのものとしては古い伝統を持っているが、しかし多くの過去のものは変化した社会的条件のもとに外国では見られない程度において関係を切断された。その結果、種々注目すべき現象が現われている。先ず、伝統が浅いために諸々の文化領域の間における相互作用が十分に行われておらず、文学にしても科学や哲学などとの密接な関聯を欠いている。そこから文学の思想性についての作家の困難が生じている。次にまた文学と特に親しい関係がある倫理の喪失が認められる。西洋においては古くから若干の中心問題、例えば神の問題、意志自由の問題、等々があって、積極的にせよ否定的にせよ作家はそれと取組むことによって自己の倫理を養って来た。ところが我が国の作家にとってはそのような倫理上の中心問題が存しないように見える。このことが作品の思想性を稀薄にする一つの原因となっている。しかしこの場合また特に二つのことが注意されねばならぬ。すでに云ったように倫理と論理との同一性を考えるならば、作家が真剣に取組まねばならぬ倫理的問題は今日甚だ多いのである。マルクス主義の問題の如きそれである。第二に、今日の反動は東洋主義の復活をもたらし、かくして従来殆ど忘れられていたにしても我々の血のうちに深く潜んでいた東洋的な倫理的問題、例えば東洋的「自然」、東洋的「無」、等々が新たに現われて来つつある。作家はこれらの問題とも格闘しなければならず、それによって作品に思想性が生ずるであろう。かようにして文学の思想性の問題は愈々切実な問題となっている。（一九三六年一月）

純粋性を揚棄せよ

純文学という語は我が国では全く特殊な意味をもっている。我が国にはまた西洋では見当らない意味をもった「純哲」というような語も用いられている。一般には純粋性ということが従来日本の文化のひとつの重要な特徴をなしていると考えられる。儒教でも仏教でも日本へ来て純粋化したと云われる。西洋哲学の場合についても同様に云い得るであろう。もちろん純粋というものが外国にないのではない。しかし我々の間ではこの言葉はそれとは違った意味をもっている。このような特殊な意味が何であるかを分析することは大問題であるが、ここでは差当り簡単なことから考えてみよう。

純粋性とは先ずひとつのポーズである。いつか大宅壮一氏が日本の文壇で大家と云われる人はポーズをもっており、ポーズをもっていない者はいつまで経っても大家らしく見えないという観察を下していたが、この場合のポーズを考えて見ると、我々のいうポーズの意味を理解する手懸りとなるであろう。昔から云われている文人気質なども、このようなポーズの意味を含むであろう。

いったいポーズとは身体的なものである。かようなものとして純粋性は生活、殊に日常生活における一定の姿勢を意味している。文学者や哲学者は、彼等が純粋であれば、その生活においても常人とは異るポーズをもたねばならぬと考えられる。もとより純粋性は文学や哲学に関わるものとして、これらのものにおけるポーズでもある。しかしポーズの根本的な意味は身体的なものであり、そして純粋性と云われる文学や哲学上のポーズの特徴は、まさにそれが身体的なポーズと一つに結び付いているというところにある。言い換えれば、そのような純粋性は実際的ということと離れ難く結び付いているのである。それだから純粋性を特色とする従来の日本の文化は同時に実際的ということを特色としており、また所謂日常性の文学、日常性の哲学等であった。このような実際性がプラグマティズムなどでいう実際性と全く違ったものであることは云うまでもなかろう。

かくて帰結することは、日本では文化を客観的な、それ自身において存在するものと見るような文化意識が発達しなかった。かような客観的な文化の代表的なものは事物の対象的把握である科学である。如何なる意味においても実際的であることは純粋でないという見方からすれば、逆に、日本の従来の文化は純粋でなかったと云い得るであろう。

科学は一定の立場に立ち、一定の見方をもっている。しかしこのような立場乃至見方はポーズと云うべきものでない。却ってポーズを踏み越えるところに科学の立場乃至見方がある。純粋性というポーズを保とうとする文学や哲学はかくして理論を蔑視するのがつねである。理論は抽象的だというのがその非難である。事実、理論は本質的に抽象的であるが、まさにこの抽象性において理論はその威力を有するのである。抽象の威力が認識されなければならない。

この頃の若い文学者はもとより昔の文人気質をそのまま認めないであろう。しかし彼等のなお多くが純粋性というポーズに支配されており、理論や科学を軽蔑する風はなかなかなくならないようである。新しい文学は純粋性というポーズを揚棄することから生れるであろう。

事実としても、古い純粋性は次第に揚棄されつつある。第一、生活上の特殊なポーズとしての純粋性は今日の社会生活の現実によって不可能にされている。文士は人間の屑だという杉山平助氏の議論も、そのようなポーズの現実の形態に対する非難の意味を含んでいるであろう。蓋し所謂文士的なポーズは現在の社会においては純粋に維持され得ず、それが維持されているように見える場合、そこには無理と虚飾とが存在し、打算もしくは頽廃の要素が混入している。文士的なポーズが毀れて、文学者も普通の社会人と同様に生活することを強いられるとき、彼等は文学者として、生活そのものの中から文学的生活を先ず抽象して来ることを要求されるようになる。従来の文学者にはかかる必要がなく、彼等にとっては謂わば既に最初から文学的生活が抽象されて与えられていた。従って生活と文学との関係は一義的で明瞭であった。然るに今日の文学者は先ず文学的生活を生活そのものの中から昇華させるという真剣な問題を課せられているのであって、このような昇華の努力が新しい純粋性の基礎でなければならぬ。生活からの生活の抽象が文学の現実性の条件である。政治と文学という幾度か論議を繰返された問題も、実は、政治という一般的生活の中から如何に文学的生活を昇華させるかという問題として重要な意味をもっている。文学的生活なくして文学のないことは明かである。併し文学的生活が先ず生活そのものの中から抽象乃至昇華されることが必要になった。問題はかくて、政治的生活と文学的生活と、文学的生活と文学と、いう二重の、従ってまた両義的な問題となっているのである。

次に純粋性の揚棄は、ひとつの実際的問題として、純文学作品の発表機関の現実における経済的困難によっても余儀なくされているようである。いかほど小説は面白いものだと自家宣伝をしても、現在の如き文学雑誌の経営が成功する見込は先ずないと云われている。そこで文学雑誌の概念を、例えば『セルパン』のようなものにまで拡張して考え直すことが必要だという意見も出て来る。かかる事情は、文学作品そのものに関しても、従来の純粋性の概念が揚棄されねばならぬことを示唆していると見られ得るであろう。

第三に、最近、作家乃至作品の無性格ということが著しい現象となっている。今日所謂プロレタリア作家と転向作家、それらと所謂ブルジョワ作家との間の区別はよほど不明瞭になって来た。それらの間には谷川徹三氏の云ったような平衡作用が種々の方面においてに見出される。観点を変えれば、無性格のうちに共通の性格が作られているのであって、我々はそこに純文学の概念の本質変化の道程を認め得る。中堅作家の新聞小説への進出も同様に考えられるであろう。今日多数の作家においてその立場や思想の差異が明確に区別し難くなったが、併し一つ確かなことは、彼等が今や一致共同して古い意味での純粋性の揚棄の方向を辿りつつあるということである。意識的な乃至無意識的なこのような努力は新しい文学概念の形成に向っているのであって、思想や立場の区別よりも先ずかかる共通の地盤の開拓が現在歴史的に意味をもったことである。それは思想や立場の相違がおよそ意味をもち得る前提であり、従って今こそ、かくして作られた共通の地盤の上において立場や思想が全く重要な問題となるべきことを示している。立場や思想が単に立場や思想としてでなく、まさに文学上の立場や思想として問題になるためには、先ず共通の文学概念が現実的に成立しなければならぬ。立場や思想に関する議論が従来抽象的もしくは不生産的に見えたのも、かかる共通の文学概念がなお十分に発達していなかったためであると云えるであろう。

このようにして伝統的な純粋性は到る処において揚棄さるべき運命にあるが、その揚棄と共に新しい純粋性が何処に求めらるべきであるかについては、なお一定した見解が存在しない。そこに現代の日本文学の混乱がある。この混乱は残存せる古い純粋性に対する謂わば本能的な執着によって一層甚だしくされている。

新しい文学概念の確立にとって最も基礎的なことは、文学者が真の文化意識を獲得するということである。そのために要求されることは、先ず文学を一つの客観的な事象として認識するということである。純粋性という特殊な身体的、精神的ポーズに支配されている限り、文学は「私」というものから離れず、文学の世界がそれ自身において成立する客観的な事象であることが理解されない。所謂純文学の概念を多かれ少かれ揚棄しながらも——横光利一氏によって有名になった「純粋小説」という語はこの事実の表現として特徴的である——、他方において文学者の私党形成が最近の如く盛んであっては、文学の世界の客観性が真に認識されているとは云えない。文化を客観的な事象、哲学者の所謂客観的精神として把握することは、かかる客観性を最も明瞭に示す科学というものが古来我が国では発達していなかったことによって、想像以上に困難にされていた。文学の世界の客観性が認められるならば、今度は文学上の立場や傾向の差異がこれまでとは違って重要な意味をもって来る筈である。然るに、私党は、立場や傾向の一致によって結び付いたものでなく、寧ろポーズの類似によって結び付いたものである。既に述べた如く今日作家が無性格になったことによって共通の文学概念の形成が準備されたとはいえ、そこに思想や立場が再び活潑な関心となるに至らなければ、それは却って私党化の土台となるのみであって、新しい文学概念が現実的に形成されたとは云えないのである。

次に文学の世界の客観性が認識されるに伴って、文学と他の文化の領域との間の親縁性が認識されねばならない。従来の純粋性においては、謂わば既に最初から、文学的生活が一般的生活に対して抽象されていたように、文学は他の文化領域に対して抽象されていた。かくの如き抽象性を示す一つの例として「局外批評家」という語がある。作家と批評家との区別が存在する限り、批評家は作家にとって凡て局外者であるとも云える。また局外ということが文壇に属しないという意味だとすれば、特殊なポーズによって結び付いた文壇というものが解消さるべきものだと考えられないであろうか。固より専門的な文芸批評家と然らざる者との区別は存在するが、局外という語はこれとは違った意味に用いられている。それは「純粋な」批評家に対して考えられ、純粋な批評家というのは、その評論が特殊なポーズを有し、論理的訓練を知らぬ文壇的方言で物を云う者ではないか。テーヌやブランデスなどの批評は如何に多くの「局外的なもの」をもっているであろう。凡て偉大な文学は種々の見地からの批評を容れるものである。局外批評家という語は文学と他の文化領域との間の親縁性の意識、従って真の文化意識の欠乏を象徴している。作家自身も文化意識を獲得して、文学を一層広い見地、一層広い聯関において考えることを学ばなければならぬ。

文学の思想性とか社会性とかと云っても、かくの如き文化意識が先ず獲得されるのでなければ、十分に把握され得ない。文学と生活の問題も重要であるが、文学と他の精神的文化との親縁性の意識も特に我が国においては重要な問題である。かかる親縁性の意識に基く協同は今日のファシズム的情勢に対して政治的にも意義あることでなければならぬ。

（一九三六年六月）

文学と技術

ホメロスの英雄たちは自分で手工業に従事している。エウマイオスは自分で革を裁って履物を作ったと云われ、オデュッセウスは非常に器用な大工で指物師であったと云われる。かような物語を読むと、自分でも何か手細工をして見たくなるものだ。職人が仕事をするのを見ているのはなかなか楽しいものであり、自分でもやってみたいという衝動を起させる。芸術的欲望は人間に生れ付いていると云われるように、技術的欲望もまた人間に生れ付いている。

ギリシアの哲学者は芸術と技術とを同様に考え、ポイエシスという一つの範疇に包括した。ちょうど現代の哲学者が自分の思想を説明するに当ってしばしば芸術に例を求めるように、ギリシアの哲学者は自分の概念をしばしば技術との比論において解明している。ソクラテスがそうであったことはプラトンの対話篇から窺われるし、アリストテレスの如きは特にそうであった。その意味においてもゲーテはギリシア精神を継承し発展させたと云われ得るであろう。ゲーテは技術の修業の人間的教養的価値を極めて高く評価している。

いま技術といったのは手工業的技術のことである。近代の機械工業における技術はこれと多少趣を異にしている。その差異は、手工業は人間の身に付いた技術であるに反して、機械工業は人間から抽象された技術であるというところにある。手工業的技術は熟練を必要とし、熟練によってその技術は人間化され、個性化されている。従ってまたそれは性質的である。手工業が人間に対して人格的教養的価値を有するのもこれに依るのである。しかるに機械的技術は一般的抽象的であり、機械をもって労働する者の位置はいつでも他の者によって代られることができる。一人の男は他の男と代り得るのみでなく、婦人とでも子供とでも代り得る。機械工業にも熟練工が必要であると云われるが、それは理想でなく、理想は却って誰でもが直ぐに熟練工になれるということである。大河内正敏博士の唱道されている「科学主義工業」というのはこの理想を実現しようとするものである。そこで機械的技術に依る労働は性質的でなくて量的であり、従って労働時間が主要な問題になって来る。その労働はかように抽象的であるところから、それは人間性を破壊するもののようにも云われるのである。

芸術にとって技術が必要なことは云うまでもないであろう。技術的要素を含まない芸術はなく、技術の習得は芸術家にとっても基礎的に重要である。ところで芸術家に要求される技術は手工業的なものであると云われるであろう。芸術作品は性質的であり、個性的であり、人間的である故に、芸術と結び付くことができる技術は手工業的なものでなければならぬと考えられる。しかるにかように考えてゆけば、映画芸術、レコード芸術、ラジオ芸術などと云うことは矛盾することになって来る。これらのものは近代的な機械的技術の産物である。これらのものと、文学、絵画、彫刻などとの相異は、一方は技術的であって他方は技術的でないということにあるのでなく、その基礎となる技術の種類と性質の相違に依ると見られねばならぬであろう。映画、レコード、ラジオ等が芸術に属するか否かという問題は別にしても、これらのものが現代人によって芸術の一種として受け容れられてゆく傾向があることは争われない。トーキー映画の如きが少くとも今日圧倒的な勢で美術展覧会や芝居の観衆をさらってゆく傾向があるのは事実である。そこで技術と芸術という問題は、今日においては、単純に芸術と手工業的技術という問題でなく、むしろ特に芸術と機械的技術という問題になっている。

どのような芸術も技術を基礎とせねばならぬとすれば、その技術の種類によってその作品が芸術であるか否かを決めることはできないように思われる。近代の建築は近代的な機械的技術によって作られるものであるが、それは立派に芸術作品である。してみれば、映画やレコードと昔からの演劇や音楽との芸術としての相違は、もっと本質的なところに求められねばならぬ。それは長谷川如是閑氏の語を借れば「原形芸術」と「複製芸術」との相違である。尤も、映画が複製であるという意味は、街で売っているラファエロやセザンヌが複製であるという意味とは同じでない。映画俳優は自分の演技が写真になることを目的としている。けれども映画そのものは彼等の実演に対して複製の意味をもっている。芸術は模倣の模倣であるというプラトンの定義は、その形而上学的意味とは別にその実際的意味を映画芸術やレコード芸術において見出したわけである。機械が文化に齎した大きな変化の一つは複製というものを可能にした点にある。

　ところで文学についても印刷機械の発明は複製を可能にした。作家が一つの作品を書けば、印刷に附せられて無数の複製が作られる。しかしそのことによって文学は複製芸術になるのではない。それは俳優の演技が映画になり、音楽家の演奏がレコードになるというのとは意味を異にしている。複製の絵画は原形の絵画とは全く違った価値のものであるが、文学作品はどれ程多くの複製を作ってもその価値は変らない。映画の出現に対して芝居は脅威を感ぜねばならなかったにしても、印刷機械の発明は文学にとって寧ろ歓迎すべきことであった。これは文学と他の芸術との間に見られる簡単な差異であるが、しかし重要な意味を有している。何よりもそこに文学の手段である言葉というものの秘密を見なければならぬであろう。言葉というものほど不思議なものはない。人間は言葉を有する動物であるというギリシア人の定義には考えれば考えるほど深い意味がある。

　言葉は二重の存在を有している。言葉は話される言葉であると共に書かれる言葉である。言葉は音声としてと同時に文字として存在する。しかるに他の芸術の手段、例えば絵画の用いる色はかような二重の存在を有しない。そして言葉が本質的に二重の存在を有するということが文学作品の印刷機械に依る複製を複製芸術にしないで原形芸術のままに止まることを可能にするのである。朗読される詩はすでに文字をもって現わされているか、さもなければ直ちに文字をもって現わすことができ、かくして印刷せられて文字として存在するが、もしひとが欲するならば、これを再び朗読することができる。かような転換の可能性は言葉そのものの中に本質的に含まれている。

言葉は最も抽象的な手段であると同時に最も具体的な芸術手段である。言葉は抽象的であるから印刷機械に附せられてもその本質を失うことがないのである。色彩は具体的なものである故に複製されるとその性質に変化を生ぜねばならぬ。しかしまた言葉の有する具体性は複製が作られてもその中に保存され得るほど具体的である。

言葉のかような性質はもちろん言葉が思想的であるということに関係がある。文学は思想芸術と称せられる。けれどもそれを単に思想のせいばかりにするのは間違っている。「ひとが詩を作るのはイデーをもってではない、語をもってなのである」、というマラルメの言を想い起すべきであろう。文学の有する右の如き性質はむしろ言葉そのものの性質のうちに含まれている。言葉は芸術手段のうち最も思想的であると共に最も身体的である。

原形芸術と複製芸術との相違は種々考えることができるであろうが、最も根本的な相違は、複製芸術は抽象的であるということに認められるであろう。手工業的労働に対して機械的労働が抽象的であるように、原形芸術に対して複製芸術は抽象的である。この抽象性家の身振りが加わって演奏の芸術的効果を作っているのであるが、専ら聴覚にのみ訴えるレコードやラジオはこれを全く抽象する。しかるにかような抽象の最も根本的なものは身体性の抽象ということにあるであろう。手工業的技術は技術者の身に附いて身体化された技術であり、その作品のうちには彼の身体性が表現されているに反して、機械的技術における労働は抽象的一般的労働であり、その生産物のうちには身体性が表現されていない。この点において芸術作品は工業的製品に比して身体的であるということができる。ちょうどそのように複製芸術は原形芸術に比して身体性が稀薄であるということができる。映画の場面は芝居の場面に比較して他の点では決して抽象的でなく、むしろ現実的で具体的であるとも云われるのであるが、身体性においては前者は後者よりも抽象的である。芸術にとって身体性は重要な意味を有している。文学の手段とされる言葉のうちにも作家の身体性が表現されており、このものを除いて作品の具体性も迫真力も考えることができぬ。ところで右に述べた言葉の特殊な性質は機械に依る複製においても言葉のうちに表現されている身体性を保存し得る故に、印刷された無数の書物のすべてが原形芸術であり得るのである。

しかるにそのことは特殊な仕方で文学が近代的な機械的技術と結び付くことを可能にしており、また要求している。文学の製作そのものは手工業的なところを脱し得ないであろう。けれども言葉は最も身体的であると共に最も思想的であるという言葉の性質は、抽象的なものと具体的に結び付くことを可能にしている。手工業的技術における知性と機械的技術における知性とは本質的には同一であるにしても種別的には異っている。二つの場合における思想には或る差異を認めることができる、そこには身体的な思想と抽象的な思想というような差異がある。今日科学的な意味において思想といわれるのは後者であり、後者から見れば前者は思想とも云い難いほど身体的である。ちょうど、日本文学は思想性に乏しいといわれる場合、実は思想がないのではなくて、ただ思想といわれるものの意味が科学的文化において思想といわれるものと性質を異にしていると考えねばならぬのと同様である。しかし文学は言葉の芸術としてその思想もまた身体的な思想から見れば抽象的と言われるような思想にまで文学性を失うことなしに拡がることができる。日本の文学の発展のために要求されているのは後の意味において思想的な作品が作られることである。それには作家の新しい技術が必要であり、この技術は機械的技術における知性の本質に対する深い洞察によって発見されることができる。

（一九三八年一月）

Ⅲ　状況論

文学の真について――文芸時評――

一

先月の諸雑誌に見えた評論の多くが文学に於ける「真実」もしくは「現実」の問題、それに関聯してリアリズムの問題を取扱っている。小林秀雄氏の「小説の問題」（新潮）、同題（文藝春秋）、阿部知二氏の「リアリズムの問題」（新潮）、そして小林多喜二氏の「文芸時評」（中央公論）、等々、いずれもその問題に触れている。文学に於ける真実もしくは現実とは何かという問題は、最近の中心問題であると見られることが出来る。この問題は、小林秀雄氏の語を借れば、「現代文学の不安」（改造、文芸時評）を現わすのであろうか。とにかくこの問題を挟んで、今や、芸術派とプロレタリア文学とが対立するに至ったことは事実である。いわゆる芸術派の方面では、プルーストなどの影響のもとに「意識の流れ」といったようなものがそういう現実だと見られ、また昨今流行のジョイスのユリシーズが「完全な真実」を現わすものとして迎えられる。左翼ではどこまでも現実を求めて以前のプロレタリア・リアリズムの立場から今日の「唯物弁証法」の立場、創作方法に於けるレーニン的段階にまで推し進んで来た。

現実、従ってリアリズムに就いての両者の見解のかくの如き対立は、文学の芸術的価値と政治的価値に関する嘗ての論争に比してより重要であり、より根本的であると思う。いわゆる芸術的価値と政治的価値に関する問題は、その出発点に於て既に、なお古い美学の範疇に囚われていたとも云われよう。古い美学の根本概念が「美」であったとすれば、新しい美学のそれは「真実」である。美は真実に比してはなお浅薄で、皮相的であると思われる。少くとも現代人の意識にとってはそうである。我々は美よりも深く真実を求める。我々の問題はもはやかの「美的仮象」ではなくて、却って芸術に於ける真実である。

尤も、根本に於て如何なる時代の芸術も現実以外の何物をも欲し得ず、種々なる時代は種々異ったものを現実的として体験したまでだ、とも云われることが出来る。或る時代が現実を破壊し蹂躙したとしても、それはそのことによって、他の、より深き、より真なる現実を発見せんがためにそうしたのである、とも見られ得る。従って問題は、我々の時代にとって現実とは何を意味するか、ということでなければならない。「真以外の何物も美でない、真なるもののみが美しい。」とボワロは云った。然し我々はボワロがリアリストであるとは考えないのである。我々にとってリアリズムとは何であり得るであろうか。

この問題に我々は歴史の弁証法的発展の線に沿うて正確に答えることが出来よう。リアリズムといえば、我々には歴史上先ず自然主義運動に結び付いて考えられる。この運動の発端はといえば、フランスに於ける一八四八年の革命であった。恰も一八三〇年の七月革命が浪漫主義として総括される一世代を作り出した如く、二月革命はまさに自然主義の端初となったのである。前者の代弁者がベランジェやユーゴーなど弁護士殊に詩人であったに反して、後者のそれはプルードンを頭とする社会主義的傾向の学者であったということも忘れられてはならない。ナチュラリストと称せられるこの新しい流派は最初レアリストとも呼ばれている。この運動の歴史に於て重要な位置を占める、一八五六年十一月から五七年四・五月までパリで二十二三歳の若い人々の手によって発行された雑誌は、『ル・レアリスム』というプログラム的な表題をもっていた。自然主義は芸術に於ける「現実」の勝利を意味する。そしてそれが芸術の根源として「想像」を却けたということは、イデオロギーに於て社会的、寧ろまさに社会主義的傾向と結び付き、芸術の前に於ける凡ての対象の原理的な平等ということを語るものであった。その作家たちが当時の科学に対し如何に親和的関係を保とうとしたかは一般に知られている。

「芸術とは人類である。」とクルベ、フロベールと並んで自然主義を代表するカスタニヤリは云った。人類は芸術の本来の主体であるばかりでなく、またそれの客体、それの対象と見做された。然しながら「人類」なるものは未だ嘗て歴史的現実として存せず、単なる理念に過ぎぬ。人類はやがて「社会」によって代られざるを得ない。そこでまた彼は、

「ひとつの画は与えられた時代に生きた社会の真中で生れ、この社会と直接な関係に立ち、密接な相関にある。」と云っている。芸術作品は真実の芸術であるがために現在の社会を描かねばならぬと考えられる。然し社会とは何であるか。社会とは現実に於てはブルジョワ社会であったのである。然るにブルジョワ社会は真に社会的な社会でない。そこでは社会は現実でなく、現実的といわるべきはただ個人のみである。個人が個人として互に独立し孤立しているというのがこの社会の状態である。そこからして現実的であろうとした自然主義の作品は今や社会の描写であることをやめて、「個人の物語」となる。かくて例えば最初「人類なる新宗教」に就いて語ったゾラは、後に至って云う、「私はプルードンとは全く正反対だ。彼は芸術が国民の産物であることを欲する。私はそれが個人の作品であることを要求する。」我々は自然主義がその当初の出発点の反対物に移行したのを見るであろう。

二

自然主義はその社会主義的発端から個人主義へ転化した。その社会主義が空想的社会主義であった限り、そして自由競争の原理の支配するブルジョワ社会に於ては、ブルジョワ的観点を離れない限り、「現実的」といわるべきは唯なお個々の人間個人であるのみなるに於ては、このような転化も必然的であったと考えられよう。今日芸術派仲間で一の模範と見られているプルーストはこれの徹底的な帰結である。既にゾラは、「一の芸術作品はテンペラメントを通して見られた創造の一角である。」と云った。プルーストは更に徹底して、「世界は唯一度創造されたのでない、それはオリジナルな芸術家が現われた度毎に創造されたのだ。」と書いている。

世界のこのような個人的な見方が芸術家の「スタイル」であり、スタイルが初めて芸術作品を作る。スタイルの問題は何等レトリックの問題ではない。この点に就いてプルーストは次のように云っている、「スタイルは決して或る人々の信ずるように装飾ではない。それはテクニックの問題ですらない、それは――画家に於ける色の如く――視覚の性質であり、我々の各人が見て他の人々が見ないところの特殊な宇宙の啓示である。」このような新しいオリジナルな一回的な世界の見方こそ、そのうちに於て芸術作品が構成されるところの芸術家のスタイルであるというのである。「人間は自分から出ることが出来ず、自分に於てのほか他のものを知らない存在である、これと反対のことを云うならば、虚言である。」これらの言葉に言い表わされたのは明かに個人主義的相対主義である。

それでは「現実」とは何であるか。プルーストはベルグソンの影響のもとに社会に於ける人間と芸術家とを区別する。社会に於ける人間、即ち行為する人間は、知性によって活動する。然るに知性は実践的な目的のために生命の真の連続をば非連続的な、固定せる、繰返され得る無数の状態に分割してしまう。真の現実というのは、そのうちでは凡ては流動し何物も繰返されることなき持続である。行為する人間はかかる現実的な持続の外部に立っている。彼の社会的な、実践的な人格に対して彼の最も内的な、全的な個性を認めるということが芸術家の課題である。そのために芸術家は世界を知性の見地のもとに観察することをやめて、それを内的な持続からして体験し、空間から脱して現実的な持続の中へ這入らなければならない。「事物を外部からのほか見ない観察者は、何物をも見ないに等しいのである。」

我々はもはやこれ以上プルーストに就いて語ることを要しない。このような傾向の非実践的、非社会的、個人主義的、相対主義的性質は明白である。それの基礎に関する哲学的諸問題に立ち入ることは今はその場合でなかろう。右の簡単な叙述からしても知られることは、リアリズムと見られるものが、ブルジョワ的観点の内部に於ては、自然主義の最初の意図とは全く正反対のものに転化するに到ったということである。そして今日、自然主義の最初の意図を継承し発展させるものがほかならぬプロレタリア文学であるということも、上に述べたことを顧るとき容易に理解されるであろう。そこに歴史の発展の弁証法がある。社会そのものの発展の弁証法は文学の発展の弁証法を制約する。空想的社会主義と科学的社会主義との相違、プルードンとマルクス・レーニンとの相違、その他、その他、に相応するところの自然主義文学とプロレタリア文学との相違に就いてここに細説することは必要でなかろう。私は出発点に立ち返らなければならない。

リアリズムとは一般に美よりも真実をより高い位置におく態度と理解してもよい。ところでここに美といい真実といったものは、最近、詩的精神及び散文的精神という言葉をもって置き換えられている。例えば、伊藤整氏は云う、「ロマンはリリックやファンタシイの精神とはおよそ対蹠的なものである。それは美麗な装飾とは全く正反対の、人間描写の小説的精神以外の何ものをも意味してはいないのだ。だからこそアンリ・マシスはロマンの精神をスタイルの精神と対立させ、小説家は芸術家であってならないとすら極言しているのだ。」（今日の小説と詩、新潮）。ロマンの精神はロマンチシズムとはまるで反対のものである。そして小林秀雄氏は、「河上徹太郎が（中略）今日の心理主義小説の巨匠の制作方法は、象徴派詩人等の制作方法が心理的であるに反し、単なる素朴なリアリズムに過ぎぬ、ただその描く対象が心理的であるに過ぎぬ。従って彼等の作品は如何なる詩的精神とも縁のない、純粋な散文である、という意味の事を書いているのを読んだが、正しいのである。」（新潮）と云っている。

然るに同じ小林秀雄氏は他の箇所で次のように書いている、「詩的精神に一顧も与えない純粋な散文精神が突然散文精神の欠除に苦しんでいた日本小説の伝統に姿を現わしたのである。これが今日までプロレタリヤ文学運動が、日本文学に実際上齎し得た最大の寄与である。」（改造）プロレタリア文学以前の作家は、少くとも日本に於ては、おおむね小説家でなく、小説家と称する詩人であったというのである。自然主義作家と雖もそうであった。かくいう散文的精神とは、小林氏によれば、「出来るだけ感傷に捕われず、飽くまでも自然の弁証法に忠実に、素朴に直截に、歌を逃れ、美を逃れ、小説というものを構成しようとする精神」のことである。これらの文章を我々は正直に、文字通りに受取ることが許されないのであろうか。

兎にかく今日、リアリズムの問題がマルクス主義文学論以外の方面に於て主要なる題目として現われて来たということは全く注目に値する。嘗ていわゆる新興芸術派なるものはプロレタリア文学に対する反対派として出現した。ただ反対派という点だけで一致していたに過ぎぬこの模糊たる存在は次第に分化して、新社会派と新心理主義派とがその中から凝結した。そしていずれにせよプロレタリア文学のいわば対象と方法とに関する二つの中心点、即ち社会の問題とリアリズムの問題とがそれら二流派によって分割されて、何等かの意味、何等かの程度に於てそれぞれ問題にされるに到ったということは、概括的に見て興味のないことではなかろう。

三

リアリズムを散文的精神として規定するということは、種々なる危険を伴うにせよ、一応甚だ有益である。従来のプロレタリア文学に於ける欠陥は、この方面から見れば、詩の欠乏というよりも、寧ろ散文的精神の不徹底ということにあった。それは人間描写になると、特に心理描写になると、リリカルとなり、感傷的ともなり、あまりに詩的となった。こういう抒情詩的要素が作品の本来の散文的精神を害《そこな》いその構成の中から浮き上り、もしくはその結合を弱め、全体の作品を内面的必然性のないものにしてしまったことは少くはない。抒情詩的点景は或いは作品を美しくしたかも知れない、然しそれはこのものを決して真実とはしなかったのである。生きた人間、その心理を描いて純粋な散文家であることは最も困難である。そのためには実に水火に鍛えられた、微塵も浮薄なところのない心構えが必要である。

然しながらプロレタリア文学にとって心理描写は何等かの重要性を有するのであろうか。この問題は文学の真とは何かの問題に関係する。私はこの問題を二つの方面に分って考えることが出来ると思う。即ち文学の真は「主体的真実性」と「客体的現実性」との二つの方面を有し、両者の統一に於て初めて真である。従来のプロレタリア文学は文学の真ということをあまりに一面的に客体的現実性として理解して来た。それは不十分であって、そこにこの文学に対する読者の或る不満があったのではないかと思う。物を、人間をも客体的現実的に、従って社会機構のうちに於ける一物として捉えるということは、固より甚だ大切である。けれどもそれだけでは足りない。人間は単に客体としてでなく、同時にまた主体として捉えられなければならないからである。文学の真を単に客体的現実性と考えるとき、人間の概念化もしくは類型化の危険は手近かにあるのである。

次のように考えてみよう。マルクス主義の認識論はその基礎を模写説においている。それは人間の意識から独立して客観的実在が存在すること、この客観的実在が人間の意識に近似的に反映されるという意味に於てである。然しまたマルクス主義によれば、人間の認識が真理であるか否かを決定するものは実践である。弁証法的唯物論の卓越性はまさに認識に於ける実践の優位を確立したところにあると云われる。この場合実践ということが何を意味するかは十分に吟味されねばならぬことであろうが、認識論の問題に深入りすることは今の私の目的でない。然しながら丁度認識の真の決定に実践が持ち出されるように、文学の真の問題に就いても、客体的現実の模写というような方面のみでなく、主体的なものの方面が顧みられることが必要であろう。いったい実践というとき「主体的なもの」が考えられねばならぬ。何等かの仕方で客体とは区別され、客体とは秩序を異にするところの主体というものが考えられないならば、現実的には実践の概念はあり得ない。然るに主体的なものが主体的なものとして自己を告知するのは意識に於てである。主体的なものはもちろん主体的な「もの」であって単なる意識ではない。また我々は新心理主義派のように意識が現実であるというのでは決してない。現実は寧ろどこまでも客体的現実性として問題である。けれども主体的なものがその「主体性に於て」理解されるのは意識に於てのほかない。その限り実践を重んじ、人間を主体的に捉えることを力説するマルクス主義的立場に於ける文学はいわゆる心理描写を軽視することは出来ない。云うまでもなく、心理はこの場合心理として、それ自身の「現実」として描かれてはならぬ。何よりも人間の主体性を描き出すために、心理は描かれねばならぬであろう。それによって文学に主体的真実性が与えられんがためである。心理描写のための心理描写、そういうものがこれまでのプロレタリア文学に欠けていたように感ぜられるのである。客体的現実性からだけでは作品の内面的必然性、従って真実性は出て来ない。文学の真は客体的現実性と主体的真実性との統一に求められねばならぬのではなかろうか。

さて右の理論を若干の作品に適用することによって幾分具象化しておこう。

兵本善矩氏の「布引」（文藝春秋）。しっかりした筆で克明に書かれている。物の見方も落付いていて、材料が隅々まで占有されている。リアリスチックな好短篇だと思う。インチキな今の時世にこのような作を読むのはたしかに楽しみである。階級とか、歴史とかいうものからおよそ距っている。我々はフロベールの言葉を思い出す、「私の哀れなボヴァリーはたしかに、この今の時間に、同時にフランスの二十の村々で歎き、泣いているのだ。」

龍胆寺雄氏の「春は花影に」（改造）。兵本氏の作と好対照をなすものとして挙げられよう。作者の才能は十分に認められてよい。それにしても詩とファンタジー。ロマンのもつべきリアリティが欠けている。ロマンチシズムだってそれ自身の意味に於けるリアリティをもっともっているのではないか。同じような世界を描くにしても、谷崎潤一郎氏などのものはもっとリアリティをもっていはしないか。

武田麟太郎氏の「日本三文オペラ」（中央公論）と同氏の「低迷」（改造）及び藤森成吉氏の「争う二つのもの」（改造）。武田氏の作と藤森氏の作とを比較してみるのは色々の意味で教訓的であると云える。左翼的作家の中では武田氏など最も多く文学的天分をもった人であると云われ、実際そうである。この人の有する長所も短所もどこか中野重治氏などと共通なところがある。味がこまかい、然しそれだけ線が細くてダイナミックな感じが足りない。藤森氏のものがひどく抽象的、類型的で対象に対するいたわりがないに反して、武田氏には対象に対する心遣いがある。よくそう思うのだが、藤森氏は文学者には珍しいほど感じ方が大ざっぱだ。然しそれだけ散文的になってスケールを大きくして行くことが出来るのかも知れない。今度の二人の作品はそれぞれ別の意味でプロレタリア文学に於ける現在の欠陥を現わしている。武田氏には生きた人間描写があるけれども、プロレタリア文学に要求されるような客体的現実性がない。そのためにまた作品の意図していると思われるような効果をあげることが出来ぬ。藤森氏の作には主体的真実性がまるきり感ぜられない。思想が人間的な形態をとっていないからである。然しながら、つまらない想像かも知れないが、かりに武田氏の手法とをくっつけてみたところで、我々は満足なプロレタリア作品を想像することが出来るであろうか。決してそうでない。プロレタリア文学は全く新しい、独自な表現を要求しているのである。それが創造されるまでにはこの文学の真はつねに一面的でしかなく、推し退け難い内面的必然性をもって我々を引き摺ってゆくようなものとはならない。

他に読んだ作品も大分あるが、筆者の健康勝れないため割愛せねばならぬ。作者諸氏の労に報いざるを遺憾に思う。

（一九三一年七月）

ネオヒューマニズムの問題と文学

一

いつのほどよりか、この国において、文芸復興ということが語られるようになった。それは現代に数多いあのミュトス（神話）のひとつに数えられてよいであろう。我々はこの文芸復興ということを、一つの現実としてでなく、一つのミュトスと見て、それに或る意味を認めることが出来る。その事実如何というと、もとより疑問があろうけれども、それを単に事実問題として論ずるが如きは、この場合破壊的な意味しかもたないともいえる。むしろ我々は人間の歴史におけるミュトスの重要な役割について考えてみるべきである。ミュトスは客観的事実をそのまま現わすものでないが、決してただ荒唐無稽なものではない。人間の新しい歴史が始まるとき、何等かのミュトスがまず孕まれるのがつねであるように見える。

しかしミュトスはどこまでもミュトスである。ミュトスは形成されねばならぬ、ミュトスには認識が伴わなければならない。それ故に、もし現代文学の課題がいわれるように「不安から再建へ」という標語をもって現わされ得るものとすれば、我々の問題は、あの烈しい審判者アンリ・マシスの語を藉りるとき、「再建の原則」である筈である。かかる再建の原則の問題は単に創作方法にのみ関することであり得ないであろう。というのは、例えば、不安の文学の一代表者と看做されるアンドレ・ジードは、「私は自分が今日クラシシズムの最良の代表者であると考える」と宣言する。そしてマシスの如きにしてもジードの芸術的手法がクラシックであることは認めるのであるが、彼はジードがこのようなクラシックの芸術的手段を生の観念、理性の観念等を破壊するためにしか用いないといって非難する、クラシックな芸術ではあるが、「クラシックな人間」ではないと判断する。再建の原則は或る意味では文学以前のものに関係し、しかもかような文学以前のものも実は文学にとって決して無関係ではない。再建の原則は特に「時代批評」のなかから生れ、そのうちに含まれていなければならぬ。ここに時代批評というのは単に文学のいわゆる社会的批評のことを意味するのでない。ニーチェはすぐれた時代批評家であって、かかる者としてとりわけ現代の文学に深く交渉しているように。そのような意味での時代批評というものがある。ニーチェは文学上のエピゴーネントゥム（亜流者風）を批判し、現実とその問題を回避するエステーテントゥム（唯美主義者風）及びリテラーテントゥム（文士風）を排斥した。そして彼は新しいミュトスとエートス（倫理）とを要求する。尤も彼の精神力はこのミュトスを形成するに至らずして破滅した。ところで今の時代はそれ自身のうちにまことにさまざまなミュトスを内蔵している。従ってこのとき時代批評の機能は、かようなミュトスの批判乃至形成のための原則の認識を与えるところにある。今日において特に、文芸批評の如きも何等かの仕方で時代批評の意味を含んでいなければならないと思う。近頃わが国の文壇の一部で、しかも批評家たち自身の間において問題になった批評の無能ということにしても、ひとつの理由には、批評が時代批評の意味を喪失しつつあるところから感じられたことではないであろうか。

すこし以前私は不安の思想とその超克について論じ、現代の文学と哲学とに共通する態度及び方法の主要なものを分析し、そのひとつの結論として、新しい人間タイプの構成ということに及んだ。これはいうまでもなく、より広い関聯と立場とにおいて考察されねばならないことであって、その場合すぐに思い附かれるのはネオヒューマニズムの問題であろう。あの『不安と再建』の著者バンジャマン・クレミューは確かにそのように再建の原則としてネオヒューマニズムを主張している。しかしながらヒューマニズムという如きものは、何にしても、今日においてなお文学の新しい精神となり得るであろうか。我々はいまこの問題に関して若干の考察をなそうと思う。

ヒューマニズムという語は歴史を負うている。文化史上ヒューマニズムというと、二つの時代、即ちルネサンスとドイツ古典文学の時代とのことが思い出されるであろうが、特に前者の場合を考え合わせるというのが普通であろう。そして事実、ルネサンスとヒューマニズムとは互に取り替えることのできる二つの概念である。ただ一般の用語法においてはその間に区別を立て、ヒューマニズムの概念はあの文化過程の学問的な、文学的な方面に限られ、そしてルネサンスという概念は、狭い意味では単にその時代の美術の方面を、けれど広い意味では当時の全体の精神的文化を指し、かくてまたルネサンス的人間、ルネサンス的国家、などという風にも使用されている。しかし現在の文化史的研究によると、ヒューマニズムとルネサンスとは一つの統一をなし、同一の文化運動を現わす異る名に過ぎない。その入口にダンテが、その出口にミケランジェロが立っている。中世から近世を劃するこの重要なルネサンスの意義がどこに存したかについて考える場合、我々は今の関係においてさしあたり二つの点に注意しなければならぬ。

まず、ルネサンスは文字通りに「再生」または更生を意味する。従ってそれはもと決して単に美術上の一定の形式乃至主義を意味するものではなかった。この語をあの時代に最初に用いた人々は、ギリシア的・ローマ的古代の再生のことを特に考えたのではなく、或る死したるもの、死したる文化の復興、破壊された世界の再興のことを思ったのではない。その人々はむしろ自分自身のことを、自身の自己と自身の現在の生のことを、自身の人間的再生、彼等の人間性の革新のことを考えたのである。文化史家ブルダッハの言葉によると、ルネサンスは何よりも「人間性の理想的なタイプ」に向っての努力であり、そしてこのことはまたヒューマニズムの運動の本質でもあった。二つの運動に共通な核実は、美術を新しい人間価値に向っての、人間の新しいタイプに向っての努力である。この核実は、美術を新しい軌道へ推し進める前に、まず文学的形成において現象した。ダンテの一作品がその名としているような「新生」の、もしくは再生の像は、夙《つと》にボナヴェンツラ、ダンテ、ペトラルカ、ボッカチヨ、リエンチの時代を支配していた。新しい人間性の探求、発見、確立がヒューマニズムの、そしてルネサンスの根柢的な要求であった。

次に再生の像はもともと文芸以上のものに関していた。ルネサンスは単にいわゆる「文芸の復興」を意味するのでない。この像は初めには教育及び社会の、後には主として文学の、美術の、道徳的及び社会的生活の革新に対する熱烈な要求の表現であった。ダンテは「新しい詩」において人間の魂の革新を求めた、けれども彼はそれをただ専ら神との関係において求めたのではない。彼はもとより教会の改革を望みはしたが、しかし彼はそれを一切の地上的なものの、国家及び社会の革新との関聯において期待したのである。ルネサンスは単に文芸のそれではなく、個人のそれでもなく、同時に社会のそれであるべきであった。革新の要求は普遍的に感じられ、普遍的な聯関において考えられていた。ペトラルカの言葉を藉りると、「事物の核心が変化すること、」「地上の面貌が他のものとなり、精神の状態が以前とは違ったものとなり、天が下に生きる何物ももはや自己自身と同じにとどまらない」ということが要求されたのである。それ故にペトラルカにとっても決定的なことと考えられたのは古代的事物、古代の文学及び美術の復活、再興ではなかった。

　かくの如き歴史的回顧は、あまりに簡単に過ぎるけれども、我々が今日新しいヒューマニズムの問題を考えるにあたって十分反省を与えるものである。ネオヒューマニズムのもとに理解すべきは何よりも新しい人間性の探求、人間の新しいタイプへの努力であり、それはかような探求と努力とを文学においても期待するものでなければならぬ。それはいずれかの古い文芸の復興、ルネサンス時代のヒューマニズム、或いはあの第二のヒューマニズムともいうべきドイツ古典文学並びに美学の再興のことであり得ない。そして人間の再生はそれだけとして、また単に文芸においてのみ待望さるべきことでなく、特に社会の革新との関聯において期待されなければならぬ。それは相互に連繫した事柄である。人間性の問題に固著して社会の問題を滅却するというが如きことはヒューマニズムの精神であり得ない。ルネサンスの仕事がよく言われるように「個人の発見」にあったとすれば、新しいヒューマニズムの問題はむしろ社会的人間でなければならぬであろう。けれどもそこでは単にいわゆる「社会」のみが問題になるのでなく、ヒューマニズムはもとよりヒューマニズムとして人間性の問題を割引して考えることを許されていない。かくして新しいヒューマニズムにとっては社会性と人間性との結合ということがその中心的な問題であるべき筈である。もちろんこの二つのものは本来別のことがらではないであろう。しかしながらこれまで、社会性を強調する場合多く客観主義の弊に陥り、人間性を力説する場合多く主観主義の害を伴ったということも争われない。それ故に新しいヒューマニズムにとっては、単なる主観主義と単なる客観主義とを自己のうちに包むより高い立場において、人間性と社会性との綜合を企てるということが問題である。

二

実にかくの如き問題情況が歴史の順序によって我々に与えられている。ジンメルは大いなる文化時代の各々においてそれぞれ一つの中心概念、もろもろの精神的運動がそれから出て来ると同時にそれへ向って行くように見える一つの中心概念が認められ得ると考え、かような中心概念として十九世紀には「社会」の概念が現われ、そして二十世紀への移り目から「生」の概念が代って中心的位置を占めるようになったと述べたことがある。しかるに現在において、一方、社会がそのような中心概念でなくなったのではない、反対にそれはいよいよその圧力を加重している。ただ社会は我々にとってもはや十九世紀の人々が考えたような何となく空想的な、表面的なものでなく、そのリアリティとして見出された社会は最も非社会的な社会であった。そして他方、生は今日において依然「生」の概念として中心概念であるのでない。かの「生より実存へ」という合言葉の示す如く、二十世紀の初めにおける多かれ少かれロマンティックな生の概念は、現在のいわゆる「実存」の概念によって置き換えられて、リアリズムの上におかれると同時に、その極限にまで突き詰められた。実存というのは人間生存の或る極限的なものである。生がこのように主体的な方向に追求されてリアリティとして顕わにされたのは、いわば有でなく却って無であり、生ではなくむしろ死であった。右の如き、社会及び人間の、二つの方向における極限情況のうちにまさに、新しいヒューマニズムの問題は横たわっているのである。そこにこの問題の深みとその弁証法的な性質とが認められねばならぬ。かかる極限情況におけるものとして問題は、政治的には新秩序の問題として提出されている如く、芸術的にはその最も深き意味における創造の問題であるのほかない。今日特に創作ということは革新というのと同様の意味をもっていなければならないと思われる。このことは、文学における政治主義乃至政治の優位などということとは別に、深く考えてみるべきことではなかろうか。そして我々は、今日の文学におけるかかる創造の問題は、とりわけ新しい人間タイプの創造の問題でなければならぬと信ずる。

なぜなら、今日我々にとって自明のものであるような人間のタイプは存しない。そのことはまさに、この時代に人間の本質についての見解が不確かで、曖昧であることを示すものである。そしてそのことが我々の時代において、特別に人々を人間学というものに関心せしめ、人間学のかくも流行する原因ともなっているのである。このような人間学の代表的な学者、ディルタイ、シェーレル、ハイデッゲルなどの思惟を動かしているのは、現代においてほど人間の起原及び本質についての見解が多義的であったことはないという意識にほかならない。心理学、生理学、人類学、社会学等、人間に関する科学は非常なる発達をなした。如何なる時代も今日の時代ほど人間について多くのこと、多様なことを知ったことがない。人間に関する種々なる知識はかつてになく増大したにも拘わらず、我々の時代にとってほど人間が曖昧なものになったことがないというのは、如何なる理由によるであろうか。人間のタイプは崩され、失われている。しかも現代の人間学は何等新しい人間タイプを構成するに至っていない。いな、却って、人間タイプの構成という目標を自覚していないところに、現代の人間学そのものの根本的な欠陥が見られる。あたかもその点に、これらの人間学がその豊富さにも拘わらず満すことのできぬ貧困を感ぜられる理由がある。我々の時代において、人間学は新しい人間タイプの構成の課題を捉えなければならない。しかるに今日の人間学はいわゆる「生の哲学」や「実存の哲学」の中にみずからを隠してこの課題を避けようと努めているようにすら見える。この課題を捉え、それを解き得るためには、人間学は、それの多くが従来立っているような理解の立場を越えねばならぬ。そして人間学が真に具体的に行為の立場に立つとき、それは今の時代においては必然的に新しい人間タイプを要求するに至るであろう。過去の時代においては、なかんずくフランスの「人間の哲学」はつねに人間のタイプを形成した。フランス的意識は人間の抽象的な概念に満足せず、その生きた像を創造しようとした。この生きた像はつねに現実的な諸要素から、つねに毎日の生活に、各々の時代の諸要求に、各々の世代の諸可能性に相応して形作られた。ストロウスキーによると、それはモンテーニュの時にあってはgentilhommeであり、パスカル及びラ・ロシュフーコーの時にあってはhonnête hommeであり、ヴォルテール及びモンテスキューの時にあってはcivilisé であり、バルザック及びスタンダールの時にあってはhomme social である。今日そのようなタイプとしてinquiétantが現われていると見られようが、しかしながらかくの如き不安の人間はいわばタイプ的ならぬものであり、人間がタイプとして失われたところから生れたものである。ひとはそのことをかかる人間とアウグスティヌスやパスカルにおける不安の人間とを比較することによって知り得るであろう。かくて我々の問題は不安より再建への道である。タイプはここで単に理解の対象でなく、却って創造の目的でなければならぬ。尤も人間学は哲学に属し、そして哲学はその本質上概念性を離れ得るものでないとすれば、人間タイプを真に具体的に描き出すということは文学の仕事に委ねられねばならぬであろう。

ここにおいて我々は一般に芸術的創作と人間との関係について、簡単にしても反省しておかねばならぬ。新しいヒューマニズムの文学として考えられるのは、社会派に対する人生派の文学というが如きものでないことはもとより、芸術のための芸術の主張に対する人生のための芸術の主張であるのでない。かくの如き対立論に固著することなく、新しいヒューマニズムは問題をむしろ次のように認識すべきであろう。

一、真の芸術家はつねに芸術家以上のものである。単に道徳的にのみ努力する者は道徳的にも最高の域に達し得ないが如く、単に芸術的にのみ努力する者は芸術上或る高さに達し得るにしても、最高の所に到り得ないであろう。芸術は人間のうちにおいて生れ、その人の作品のうちにはその人の人間がおのずから表現される。性格が偉大でない場合、偉大な人間はなく、また偉大な芸術家もない。

二、しかし次に、芸術が人間のうちに生れるばかりでなく、人間が芸術のうちに生れるのである。人間における芸術の生成と同時に芸術における人間の生成が問題である。芸術も人間も共にこの二つの側面から見られなければならない。芸術は人間を創造する。創造が現実の模倣でないのはいうまでもないが、また非現実的で観念的なものは創造物とはいわれないであろう。芸術的活動の本質は現実の模倣でもなく、現実の観念化でもなく、却って現実の生産である。もしも芸術が現実の模倣に過ぎないとすれば、芸術は我々にとって何の意味があるのであるか。

三、そして更に、芸術は芸術的に人間を創造することによって現実の人間を変化する。オスカー・ワイルドの言葉はよく知られている。「自然は芸術作品がそれに供するところのものを模倣する。」人間という自然は芸術家の創造した人間を模倣することによって自分自身を変化する。人の顔つきを読み、姿や身振を判ずることにおいて、画家が我々の教師であった。詩人は人間を理解するための我々の器官であり、そして彼等は如何に我々が恋愛や社交において振舞うかという仕方に影響を与える。芸術家の創造した人間タイプは、いましがた道で会ったばかりの人間よりも鮮かに我々の目の前にあって、我々は我々の生活の細部に至るまで知らず識らずそれを模倣している。芸術家が社会的革新に参与するということは、政治的実践の問題としてだけでなく、特にこのような方面から考えてみなければならないことである。

三

現代文学に深い関係を有する時代批評家ニーチェは『善悪の彼岸』の中で次のように書いている。「嘗てひとは彼の神のために人間を犠牲にした。……次に人類の道徳的な時代においてひとは彼の神のために彼の有した最も強き諸本能を、彼の『自然』を犠牲にした。……最後に、何がなお犠牲にすべく残ったか。……ひとは神そのものを犠牲にし、そして自己自身に対する冷酷さから……重力を、運命を、無を崇拝せねばならなかったのでないか。無のために神を犠牲にする――終局の冷酷さのこのパラドキシカルな秘密が、今まさに現われて来る種族に貯えておかれた、我々すべての者はそれについてすでに少しは知っている。」生の、実存の哲学者、この詩人的哲学者が自己の生と実存とを追求して「終局の冷酷さ」、徹底したリアリズムの果てに到達したものは「無」であった。そこにこのようなリアリズムの「パラドキシカルな秘密」がある。しかるにかかるリアリズムは、いわば無のリアリズムとして単なるリアリズムでなく、むしろその底に或るロマンティシズムを含むであろう。この無はそこから絶えずミュトスが生れるところのものである。そしてニーチェの予言した如く、今日無数に現われている不安の人間は、「無」を喰って生きている種族に属すると見られ得るであろう。

ここに西欧的な、ギリシア以来の「有」の哲学は破滅したように見えた。そしてあのさまざまな現象が現われた。例えばシュペングレルの「西洋の没落」、東欧的・ロシヤ的なものの感化、特にドストイェフスキーの西欧への侵入、ポール・ヴァレリイの「精神の危機」、或いはまたロマン・ローランのガンジ崇拝、その他、等々。我々はこれらのことをもう一度想い起してみてもよい。おおまかにいうと、伝統的な東洋の思想は、西洋の思想がイデアの哲学であるに対して、パトロギー的であることを特色とし、その根柢には無というものがある。この無と、かの、ニーチェのいうような無とは、もとより直接に同一でないけれども、――無は一般的なものでなく、つねに性格的なものである――かの無が我々の場合においてこの無につらなることは心理的に不可能ではなかろう。そこでかのいわゆる心理文学の影響を受けたこの国の作家たちが我々の間に伝統的な心境文学の傾向を容易にとり得るというひとつの理由も理解される。不安の文学が我々の間において、すでに一部に見られなくもない、東洋的な自然主義乃至アナーキズムに心易く落付き、或いはまた私小説に還ってしまうようになって、文学の前進が阻まれることのないためにも、ネオヒューマニズムの問題が取り上げられることは必要でなければならぬ。

しかし右の如き精神情況から出発して我々は如何に再建の原則を問題にすべきであろうか。新しい人間は新たに創造されなければならぬ。無のために神を犠牲にした人間は同時に自己のタイプを失ってしまった。ひとは無に突き当ることによって創造を必然的にされる。そのときまたひとは創造を可能にされる。ニーチェが自己自身に対する終局の冷酷さによって達したような、あの無は、それが芸術における創造の原理ではないであろうか。創造というからには、有から有が出て来るのでなく、無から有が出て来る意味がなければならぬ。アンドレ・ジードがブレークに和して掲げた箴言、「デモンの協力なくして芸術作品はない」にいうデモンはこの無ではないか。横光利一氏は書いている。「一切の文学運動はただ一条の虚無へ達し、そこから脱出せんがための手段である。」「文学者の仕事というものは、優秀であればあるほど、体系からの創造ではなく、虚無からの創造であった。」体系からの創造ということは本来の意味ではあり得ないことであって、創造はすべて無からの創造の意味を含まなければならぬ。無は心理ではない、むしろ心理を生むところの行為である。無は人間ではない、むしろそこから芸術における人間の生成があると考えられるところの根源である。彼の制作がこのような無に根差しているところに芸術家の芸術家としての生存理由がある。またそこにあらゆる制作が表現であるということの理由がある。しかしながらそれにしても、我々人間にとって無からのみ人間を具体的なタイプとして創造することは不可能である。無から生れ、また無を顕わにする心理を描く文学は、人間のタイプの完全な創造にまでは到り得ない。心理は絶えず特殊なもの、しかしタイプは或る一般的な、或る客観的なもの、心理は絶えず流れるもの、しかしタイプは凝聚した、結晶したものである。無から人間が創造されると見られる限り、それはタイプでなく却ってひとつのミュトスであるに過ぎない。無のパトスから生れて来るのはミュトスである。ニーチェの超人の如き、タイプというよりもかようなミュトスであり、この超人をソレルにおいての如くプロレタリアートの意味に解釈するにしても、かかるプロレタリアートはそのものがひとつのミュトスにほかならない。現代はまことに多くのミュトスを包蔵している時代であり、そこにあらゆるリアリズムの提唱にも拘わらず、現代のロマンティシズム的性格がある。時代にとって根源的なかようなロマンティシズムの唱導者も見逃してはならないことである。このことは如何なるリアリズムもロマンティシズムは終局は単なるリアリズムに納まることができず、クラシシズムにまで発展しなければならないのであって、そこにまたヒューマニズムへの道が示されていると見られ得る。クラシシズムの底にはミュトスがある。プラトンがクラシック中のクラシックであり、シルレルよりもゲーテが遥かにクラシックである所以である。人間の創造は無限であることができない。人間的創造には限界があり、「創造」は「発見」という方面を含まねばならぬ。発見されるものは有るもの、既に在るもの、与えられたものである。発見されるものは如く社会のうちに客観的に発見されるものである。社会の変化するに従って、種々の新しいタイプの人間が現われる。これの精密な観察は芸術家にとって極めて重要なことであるが、しかし他方芸術家は単に実際にあったことを描くのでなく、却って可能なことを描く者でなければならぬ。彼等が自己の情熱から割り出す人間存在のこのような可能性は、決して非現実的なものでなく、むしろ現実の根拠ともいうべきものであって、現実的といわれるものが却ってそれとの関係において単に可能的として理解され得るようなものである。かくて要するに、人間の真の意味におけるタイプは発見と創造との結合、その弁証法的統一において初めて構成されることができる。人間そのものが実に主体であると同時に客体であるからである。もちろん、かの不安の文学も多くのものを発見したといわれるであろう。けれどもそこにおいて発見されたのは人間心理、さまざまのパトスであって、それだけでは人間はタイプとしては構成されず、却って破壊されてしまわねばならなかった。人格は分解されてしまった。分解された人格は意識の流であっても、具体的な人間ではない。そのような文学における大きな不十分さは、あらゆる生ける存在は、それが生きているという事実によって、絶えず自己を構成するために、或いは自己を結合するためにはたらくものであるということを忘れた、もしくは認めなかった点にある。人間は自己をタイプに形成しようとする要求をみずからのうちに具えている。かかる形成は社会的環境において行われる。人間タイプを構成しようとする文学は客観的なもの、一般的なものを思考せねばならぬ。すぐれたモラリスト、パスカルがすでにいっている、「一般的なものに向わねばならぬ、自己に向う傾向はあらゆる無秩序の初めである。」一般的なものはロゴスによって発見され、認識されるものである。ロゴスは、その語源の示す如く、結合するものである。そして一般的なもの、客観的なもの、外に見られるものに向う心を除いてクラシックの精神はない。新しい人間タイプを構成すべきネオヒューマニズムの文学が単なる心理学であり得ないのは明かである。タイプはパトスとロゴスとの統一によって構成される。

このようにして有力な文芸批評家の一人として知られるラモン・フェルナンデスが、現代哲学について述べていることがらは、現代文学にとっても同じように考えてみなければならぬ問題を含んでいる。従来の哲学の存在理由は認識の要求であった。しかるにフェルナンデスの批評によると、現代哲学は多少とも意識的に、これまでその存在理由であった認識の要求に代えるに、創造の要求をもってしようとする。即ち、現代哲学の大部分は――プラグマティズム、ヘーゲル哲学とその系統を引いた諸多の哲学、並びに不思議にもマルクス主義、フッサール流の厳密な現象学を除くドイツ哲学は、認識の哲学を装う創造の哲学である、と彼はいっている。認識の要求にもとづく哲学がロゴス的であり、有の哲学であるとすれば、創造の要求にもとづく哲学は、それに対する関係においては、何等かパトス的であり、無の哲学の意味を有すると見られることができよう。飽くまで客観的認識の上に立つことを標榜するマルクス主義が不思議にも創造の哲学に属するということは、その弁証法の革命的性質からも知られ、その根柢には激しい情熱が動き、ミュトスが含まれ、ロマンティシズムがある。またパトスにおいて顕わになる無、運命、死等の意味を突き詰めようとする、即ち固有な意味でパトロギー的な哲学においても、問題にされるのは行為であり、或いは自由であり、そして倫理である。ジードは芸術の無動機性について述べ、無動機の行為というものが彼の作品のひとつの主なるテマとなっている。新しい心理文学では、心理を通俗の考え方のように行為の原因と見るのでない。認識の哲学が客体的なものに向うとき、創造の哲学は主体的なものに向う。ところでフェルナンデスはいう、「私には認識の哲学と創造の哲学との間に何等かの関係が可能であるかどうか分らない。が、こういうことはよく分っている。即ち、価値の創造者としての情熱の機能、絶えずその定義から逃れる一の世界における理性の機能、この二つの機能を解剖し、測定してしまわない限り、如何なる秩序も哲学的宇宙を支配することはできないであろう。」これを我々の言葉をもって言い換えるならば、今日の世界観にとっては、ロゴスとパトスとの解剖と測定との上に立った両者の統一が要求されているということになる。認識と創造、有と無、客体と主体との弁証法的統一が新しいヒューマニズムの基礎であるべきであろう。

四

かくの如き結論は創作方法の問題に関しても、或る反省を与えるものである。この頃創作方法として問題にされているのはリアリズムである。しかるにそのようなリアリズムとは何かといえば、意見はまちまちであって、一般的な方向に関してすら一致が存しない。現実をそのまま写すことがリアリズムであると定義しても、これがなかなか複雑なことだ。現実とは何か、そのまま写すとは如何なることか、と問えば、たちまち意見が分れてしまう。最近流行のバルザックとドストイェフスキーとは、いずれもリアリズムの作家と見られ得るにしても、その意味は二人において違っていなければならぬ。西鶴はリアリストであったといわれるが、アララギ派の写生説乃至実相観入説も見方によってはリアリズムと考えられなくはなかろう。「存在はいろいろに語られる」とはアリストテレスの有名な命題である。我々は哲学の歴史を顧みるとき、存在という語がまことにいろいろに語られているのを見出す。そして或る哲学者が如何なる存在概念を特に優越な意味におけるものとして選び取るかというところに、その哲学者の世界観が現われる。現実という概念に関しても同じである。ヘーゲルとマルクスとは、等しく現実に例をとりながら、現実という概念について全く違った説明を与えているが、そこに二人の世界観の差異が認められる。文学の場合についてもほぼ同様のことがいわれ得るであろう。何がリアリティと見られるかは、それぞれの時代において、それぞれの作家において異っている。そして何をリアリティと見るかというところに、作家の世界観が現われる。世界観的なものは、根源的には概念的、認識的なものでなく、或る意欲的なもの、パトス的なものである。それは作家のパトスから生れる根源的なイデーである。作家にとってリアリティとは単に与えられたもののことでなく、このような世界観にもとづき、創作活動を通じて生産されるものである。かようにして新しいリアリズムは新しい世界観を基礎としてでなければ確立され得ないであろう。創作方法の問題から世界観の問題を分離し、抽象してしまうことはできぬ。創作方法は世界観と結び附いて初めて具体的に創作方法である。

フェルナンデスはバルザックの方法に関する論文の中で、物語と小説との区別について次の如くいっている。「物語は過去となったもの、体験されたもの、終了したものを取扱うのであるから、ひとつの場面乃至はひとつの心理的錯綜の生き生きとした現実的発展の性格的な表現を尊重すべき義務をもたない。物語はこうした性格的表現のかわりにひとつの表示法を、即ち一方においては推理並びに知的な結合法に近似し、他方においては絵画的描写並びに一般的な記述法に近似している表示法を置き換えることができる。」ところが小説においては、「小説家の描き出す生活は、生活されつつある瞬間における生活である。彼はその紆余曲折と律動とを忠実に表現する。彼の理知は指導的であるというよりもむしろ被指導的であるように見える。純粋小説は、作者が想像の場面の雰囲気とニュアンスとをあたかも彼が実際の場面の目撃者であったかのように描き出すその才能や、或いはまた作者が彼とは異る一人物の内部生活を生活するその才能を表明してくれるものである。小説におけるもろもろの場面は、物語の場面におけるように、これらの場面を準備し構成するひとつの意識の解説となるものではなく、却って小説のリアリズムを証拠だてるユニイクな証しとなっている。それと同様に小説の人物のもろもろの動機は、因果的推理の最終項を表わすものではなく、いな却ってあらゆる推理、後に来るべきあらゆる思惟の原初的与件となっているのである。」「それ故に真の小説をそれと認定すべき誤のない方法が存在する。即ち感覚的心理的表現の連鎖関係が推理に依存していないこと、または生の発現秩序とは異る他の発現秩序に依存していないこと、且つまたもろもろの人物が外部から観察され、描かれているのではなく、我々と生きた個人とを関係づけるところの直観に類似した一種の直観によって把握されていることを確認すれば十分である。」しかるに物語と小説とのこのような相違は、本質的に見ると客体的な時間における過去と現在、即ち例えば一世紀前の人物を描くか、それとも今日の人物を描くかという点に存するのでなかろう。昔の人物を描くにしても純粋な小説であることが可能である。問題はむしろその人物を主体的に理解するか、それとも客観的に把握するかということである。しばしば論じた如く、すべてのものは客体もしくは対象としては「既に」という性格を、或る根源的な過去性を担っている。それ故に現代の人物といえども、それが単に客体的に捉えられる限り、その記述は物語に属する。問題はまたパトス的に捉えるか、ロゴス的に捉えるかということである。物語においては事件や人物は対象的に、ロゴス的に捉えられるのであるから、その表示法が、フェルナンデスのいった如く、性格的表現法でなく却って推理並びに知的な結合法に、或いは絵画的描写並びに一般的な記述法に近似し、かくて美学的証明に理論的論証を置き換える傾向があるのは当然であろう。もとより小説もそれ自身の意味、それ自身の仕方において証明をもっている、そうでなければ、それはリアリスティックでなく、迫真力を有し得ない。けれども小説の含む論理は知的論理ではなくてむしろパトス的論理ともいうべきものである。「心臓は理性の知らぬ彼の論理をもっている」（パスカル）。美学的証明はパトス的論理による証明を含まなければならない、それは理論的論証であるよりも倫理的証明であろう。フェルナンデスは、小説の人物のもろもろの動機は因果的推理の最終項を表わすのでなく、却ってあらゆる推理、後に来たるべきあらゆる思惟の原初的与件となっている、といっているが、それは如何なる意味を有し得るであろうか。主体的事実は客体的存在に対してその存在の根拠と考えられることができる。そこでまたロゴス的意識に対しパトス的意識には同様の意味における優位が認められねばならぬ。ロゴス的確実性に対する要求ですらも人間のパトス的な不安にその根源を有するといわれるであろう。人間を主体的に捉えて描こうとする小説は、人間を彼の存在の根拠から捉えて描こうとするのである。かような意味で発生的であることが小説の本質と見られ得る。ここにいう発生的は因果的ということと同じではなく、原因結果の連鎖を辿って描くということは却って物語的な記述法である。原因であり結果であるものはどこまでも同一秩序（客体の秩序）に属していなければならぬ。これは一の心理が他の心理の結果と見られる場合にも、或る心理が或る行為の原因と見られる場合にも、しかく考えられねばならない。普通に心理とか、意識とか、乃至は主観とかいわれるものもなお存在に属する。我々が主体というのは単なる主観のことでなく、却って普通にいう主観と客観とを包むものである。主体的・客体的として定義される人間が、それにおいてあるものは、如何なる意味でも客体的な存在とは考えられることができず、却って主体と考えられるのほかないであろう。かような主体は客体とは秩序を異にしている。もしも客体的なもの（ロゴス的なもの）を現実と呼ぶならば、主体的なもの（パトス的なもの）は同じ意味では現実的でなく、むしろ可能的なものである。小説の世界はかくの如き意味における可能的なものの世界に根差している。可能的といっても単に空想的なのでなく、却ってそれは客体的なリアリティとは異る他のリアリティを有するのである。私はこの二つのリアリティを区別して、一方を客体的現実性として、他方を主体的真実性として規定したことがある。そうすれば、フェルナンデスのいう物語と小説との区別は、客体的現実性の文学と主体的真実性の文学という風にもなろう。

しかしながら物語と小説とは、厳密にいうと、ただ理想型的にのみ右の如く区別されることができる。実際には、如何なる小説も物語的要素を含み、また如何なる物語も、それが歴史でなく文学である限り、小説的要素を含んでいるのであって、ただそのいずれが主となっているかに従って二つの範疇が区別されるのみである。文学の取扱うのは生きた具体的な人間でなければならぬ以上、そのことは当然である。そしてそのことこそ真のリアリズムがどこにあるかを示すものである。問題は主体と客体との関係を、弁証法的な対立の深さにおいて理解し、弁証法的な高さにおいて統一するということであろう。しかるにかくの如き弁証法はまた真の意味における人間タイプの構成の基礎でなければならぬ。人間を主体的にのみ追究する文学においては「性格」は描かれるであろうが、タイプは描かれない。性格は内的なものであるが、タイプは単に内的なものでない。ドストイェフスキーは性格は描いたが、タイプを描いていないともいわれよう。しかしまた人間を客観的にのみ捉えようとする文学においては人間の類型乃至種類は描かれるであろうが、個性は描かれない。タイプは一般的な類型のことでなく、却って個々の人間よりもより個性的なものである。芸術家の創造したタイプは個々の人間よりもより真実なものである。

人間を主体的にのみ追求した文学は人格というものを分解してしまった。不安の文学の時期はクレミューによると「人格の分解」の時期である。けれども人間をただ客観的に捉えようとした文学——従来のプロレタリア文学の多くがそうであった——は人間を喪失してしまった。客体的な把握と主体的な把握との相触れ、結合するところに人間は「人間」として創造される。両者の統一が真に歴史的な見方であって、それによって初めて人間は歴史的なものとして捉えられることができる。歴史的な見方は単なる客観主義であり得ない。ネオヒューマニズムの原理は人間の歴史性ということでなければならず、この点でそれは従来のヒューマニズムと区別されるであろう。なぜなら従来歴史的な見方をしたのはクラシシズムではなく、むしろロマンティシズムであった。しかるに新しいヒューマニズムにとってクラシカルな人間のタイプとは歴史的人間のことである。現代文学は、その主観主義的方向も、その客観主義的傾向も、物を、心理を、社会を、流動的、運動的に見ることにおいては一致している。けれども今はそのような見方に、単に運動的に見ることはなお歴史的に見ることではないということを附け加えて考うべき場合である。人間の行為には客観的な物の運動とは違った意味がなければならぬ。人間の歴史性は主体客体の弁証法に基礎附けられている。それだから我々はかつてエル・トオムが創作方法における唯物弁証法の問題を論じていった次の言葉を認めてもよい、「主観及び客観の問題の（あらゆる哲学のこの中心的問題の）芸術形象における正しき解決――この点にいまや弁証法的唯物論の芸術的方法の発展における基本的課題がある。」ただ我々はこの主観というものをより深く考えたいのである。歴史的人間は社会における人間である。社会というのは主観・客観的と考えられる人間がそのうちに生れ、そのうちに在り、そのうちに死ぬる場所である。このとき社会はもちろん我々の外部にあり、我々に対するものと考えられる社会であることができぬ。主体と客体との統一は、ただ主体の側から考えられることが可能である。主体・客体的な人間をつつむ社会は客体的なものでなく、却ってそれが真に歴史の主体である。人間は社会のうちに生れ、社会のうちに死ぬる。「人間喜劇」の成り立つ場所はこのような社会のほかないのである。

さて豊島与志雄氏は書いている、「文学が何等かの進展をなさんとする場合には、殊に、新たな性格が作品のなかに要求される。そしてその要求が満された時に初めて、文学は進展の一段階を上る。文学の進展への動力となるような作家は、何等かの意味で、新しい性格を探求し描出する。バルザックの豪《えら》さは、恋の囁き以外に金銭の響きを聞かせたことよりも、より多く、ユーロー男爵やゴリオ老人の如き人物を描出したところにある。フロベールの豪さは、その厳正冷徹な創作態度よりも、より多く、ボヴァリー夫人の如き人物を描出したところにある。イブセンにおけるノラ然り。ツルゲネーフにおけるバザロフ然り。」また曰う、「或る作品を読んで、そこに一人の人間を発見する時、また、一人の人間に出逢って、そこに或る作中の人物を見出す時、吾々は深い喜びを感ずる。そのタイプが新しいものである時に、吾々は生き甲斐を感ずる。そのタイプから出発して、文化を論じ、現代の社会と未来の社会とを論ずることが出来る。そういうタイプの一つの出現は、千百の宣伝よりも、より多く社会の進化を促進させる。」まことに味うべき言葉である。

（一九三三年一〇月）

古典復興の反省

昨年あたりから喧しく云われて来た文芸復興なるものも、もはや清算さるべき時機に達したと一部の人は考えるようになった。なるほど、その間にどのような立派な作品が生れ、どのような新しい作家が出たかと云えば、大きな疑問である、然しながら以前にも述べた如く、私はこの文芸復興ということを一の現実としてよりも、一のミュトス（神話）と見て、それに意味を認むべきではないかと思う。あたまからその事実如何を問題にするのは、この場合寧ろただ破壊的な意味しか有せず、我々は却って人間の歴史におけるミュトスの重要な役割について考えてみるべきである。新しい歴史が始まるとき、何等かのミュトスが先ず孕まれるのがつねであるように見える。そして歴史的な仕事は一年や二年で実現され得るものでなかろう。批評家・ジャーナリストには親切さが足りないということがありはしないか。

それにしても、ミュトスはどこまでもミュトスである。ミュトスは形成されねばならぬ、またミュトスには認識が伴わなければならぬ。そしてそのような形成、そのような認識にとって古典への反省が屢々有益な手懸りを与えるということを歴史は示している。

数年前からこの国では古典復興の気運が見えていた。哲学界ではヘーゲル復興、それからスピノザ復興が唱えられた。文学界でも同じような萌しがあったが、それはここでは特に文芸復興の声と共に一時に開花した。かくて極めて短期間にバルザック、スタンダール、或いはドストイェフスキーなどが持ち出され、また西鶴や馬琴の如きも引き出された。このように文芸復興と古典復興とが結び付くということは理由のないことでないとも云える。あのヨーロッパの文化史におけるルネサンスにしても、それはギリシア・ローマの古典の復活と結び付いた。然しこの国における今の場合、両者の結合の性質は如何なるものであろうか。その古典復興は如何なる必然性を有するのであるか。

そのような古典復興も何となく外面的で必然性に乏しく、従って不安定なものに感ぜられはしないであろうか。それは或る外的事情から惹き起されたことであるかのように見える。例えば、ゲーテやスピノザの場合、それぞれの人の百年祭とか三百年祭とかが機縁となった。あの「シェークスピア復興」というが如き、事情はなおさら外面的であったであろう。或いは次のようなことが考えられる。この国は外国の新しい作家をそれからそれへと移入して来た。その驚歎すべき勤勉によって、新しい作家で紹介さるべきめぼしい者はもはや種切れになった感がある。そういうとき、これまで外国文学の次々の移植が習慣的になっていた処では、その惰力によって、今度は古典的作家に目を付け始める。しかも従来古典の研究普及が欠けていたこの国では、古典的作家も新しい作家と同じ種類の目新しさ、流行性を容易にもつことができる。固より、その事情がどうであるにしても、もし我々の側に何か強力な意欲、創造的なミュトス、明確な方向の認識があるのであれば、問題はない。それがないとすれば、本来の意味における古典復興はあり得ない筈である。なぜなら、復興とは単に過去のものを繰返すことでなく、却ってそれを手繰り寄せるということである。手繰り寄せるというとき、その端初は、そのプリンシプル（語原的には始めを意味する）は、我々の手元に、従って現在にある。我々はかかる復興の原理をしっかり捉えているのであるか。それとも古典復興とはただ名のみであって、実際は古典的作家の不安定な、浮動的な、好奇心による流行であろうか。

この頃の古典復興における中心的なテーマはリアリズムの問題であると云われるであろう。この問題の見地から古典的遺産が再吟味され、また摂取されつつあると考えることができる。然るにそのようなリアリズムとは何かと云えば、意見はまちまちであって、一般的な方向に関してすら一致が存しない。現実をそのまま写すことがリアリズムであると定義しても、これがなかなか複雑なことだ。現実とは何か、そのまま写すとは如何なることか、と問えば、忽ち意見が分れてしまう。最近流行のバルザックとドストイェフスキーとは、いずれもリアリズムの作家と見られ得るにしても、その意味は二人において違っていなければならぬ。西鶴はリアリストであったと云われるが、アララギ派の写生説乃至実相観入説も見方によってはリアリズムと考えられなくはなかろう。

「存在はいろいろに語られる」とはアリストテレスの有名な命題である。そして我々は哲学の歴史を顧みるとき、存在という語がまことにいろいろに語られているのを見出す。しかもこのように種々なる意味における存在の諸概念のうち、それぞれの時代の哲学においてそれぞれ、一定のものが特に優越な意味における存在概念として取り上げられ、他のもろもろの存在概念は、このものの見地から、このものの方向において解釈されるのがつねである。そして或る哲学者が如何なる存在概念を特に優越な意味におけるものとして選び取るかというところに、その哲学者の「世界観」が現れる。現実という概念に関しても同じである。ヘーゲルとマルクスとは、等しく現実に例をとりながら、現実という概念について全く違った説明を与えているが、そこに二人の世界観の差異が認められる。

文学の場合についてもほぼ同様のことが云われ得るであろう。何がリアリティと見られるかは、それぞれの時代において、それぞれの作家において異なっている。そして何をリアリティと見るかというところに、作家の「世界観」が現れる。作家のリアリズムは「身をもって描く」ことのほかないと云われ得るにしても、この場合肉体とか身体とかは単に物質的意味のものであり得ず、そのうちには作家の世界観が含まれているのでなければならぬ。世界観的なものは、根源的には概念的認識的なものでなく、或る意欲的なもの、パトス的なものである。然し世界観はまさに世界観として作家の「眼」というような意味をもたねばならぬ。それは作家のパトスから生れる根源的なイデーである。作家にとってリアリティとは単に与えられたもののことでなく、このような世界観にもとづき、創作活動を通じて生産されるものである。また世界観は、作家の意慾と眼は、客観的認識によって養われるのでなければ十分具体的現実的なものとなることができない。

かようにして新しいリアリズムは新しい世界観を基礎としてでなければ確立され得ないであろう。その限り、リアリズムの問題は単にいわゆる創作方法の問題であることができぬ。然るにこの頃古典からリアリズムを摂取しようという場合、世界観の問題を創作方法の問題から分離し、抽象してしまう傾向が見られるようである。なるほど、古典的作家から学ぶべきものはその芸術的手法であって、その世界観ではなかろう。然しながら彼等の創作方法と雖も、我々の新しい世界観の見地から取り入れられるのでなければ、真に生かされることができぬ。創作方法は世界観と結び付いて初めて具体的に創作方法であり得る。ところで、その見地から古典のリアリズムを学ぼうという新しい世界観はいったい何であるのか。これが定まらない限り、真の古典復興はあり得ない。

この頃の古典復興において感ぜられる不安定性は、創作方法の問題と世界観の問題との分離抽象、そしてその見地から古典的作家の創作方法を取り入れ、その立場から彼等の世界観を批判すべき新しい世界観の欠如乃至浮動性にもとづいていると考えることができる。然るにかくの如き創作方法の問題と世界観の問題との分離抽象は、一部分は、現在云われる文芸復興が初めいわゆる「純文学復興」として唱えられたということに関係があるであろう。このことは、イデオロギー文学の弊害に苦しんでいた当時の情勢においては然るべきことであった。けれどもそのために、今度はイデオロギーというものに対してむやみに恐怖し、排斥的態度を取るということが生じた。またそのために、純文学においてはイデオロギーの問題は全然除去して単に創作方法ということが問題になるという風に考える傾向がおのずから出来た。そのとき世界観というようなものもこの種のイデオロギーに過ぎないと見做されている。然しながら既に云った如く、世界観はもと概念的抽象的なものでない。また創作方法は世界観と結び付かなければ真に創作方法でもあり得ないであろう。

この点について、あの唯物弁証法的創作方法というものが十分に省みられねばならぬ。この創作方法は、その基礎である世界観が正しいか否かは別問題として単に方法論的に見るとき、よしそれが作家にとってあまりに概念的、演繹的に過ぎるということはあるにしても、とにかく世界観と創作方法との結合についての明確な自覚を有するという点において、勝れた特色をもっている。固より作家の世界観は必ずしも観念的に明瞭になっていることを要しないであろう。然し世界観的問題に全く触れないでリアリズムというが如き性質の問題を取扱うことは果して可能であろうか。

私は反対に、文芸復興と呼ばれる現象の現在の段階においては、世界観の問題がもっと真面目に、活潑に議論さるべきではないかと思う。なぜなら「純文学」復興という標語のもとに出発したこの現象は、今日、あのリテラーテントゥム（文士風）、或いはあのエステーテントゥム（唯美主義者風）、ニイチェがあのように激しく批判したこれらのものを、新しい形態で産出しつつあるように感ぜざるを得ないからである。もしも文芸復興ということが、嘗てプロレタリア文学の進出によって破壊されたそのようなものを再興するということであるとすれば、それは何如に惨めなものに過ぎないであろうか。

いつぞや深田久弥氏は読売新聞に「私評論について」という論文を書かれ、哲学的な文芸批評に対する軽蔑を示された。文芸批評には確かに私評論といった要素が含まれねばならず、それでなければほんとには文芸批評とも云われないかも知れない。そこで正直に云うと、私など時々文芸批評家並みに取扱われて却って迷惑を感ずることもあるのであるが、然し私は、この国の若い人々の間に哲学的な文芸批評が流行するにしても、それほど軽蔑すべきことでも排斥すべきことでもないと考える。外国においても最近哲学出身の文芸批評家が多くなったということは云わなくとも、そのようなことは寧ろ当然のことであると思う。なぜなら文芸復興ということ、そしてそれに関聯して古典復興ということが真に存在すべきであるならば、新しい世界観が問題にならねばならず、そして哲学的な文芸批評が関心するのは主としてこの問題である筈だからである。もちろん世界観の問題も創作方法の問題から抽象さるべきでなかろう。然し私小説讃美とバルザック讃美とが一つの口から出て来るようなことも如何であろうか。

近年わが国では国文学の研究が盛んになって来た。日本文学に関する講座、註釈書、研究書の出版は夥しい数に上っている。然しそれがどれだけ深く現代文学に交渉し、影響しているかということになると、甚だ疑わしい。それは今日の文学にとって、嘗て万葉集がアララギ派の歌人にとって有したほどの力を有するであろうか。その場合にはともかく万葉復興と云われてよいものがあった。然るにこの頃の国文学研究の繁昌は、本来の意味での「古典復興」と見られ得るか、大いに疑問である。

国文学研究におけるかくの如き現状は、その研究方法の欠点にもとづくところが少くないであろう。日本文学の研究は明治以来西洋の文献学的方法を採用することによって発達した。この方法は当時においては新しいものであり、確に有意義なものであったに相違ない。然るに今はそのような文献学的方法の限界が明瞭に認識さるべき場合になった。文献学的方法がアカデミーにおいて伝統となり、固着するに及んで、その弊害もまた顕著になりつつある。アカデミックな意味での「仕事」をし、業績を挙げるには、この方法はなるほど誰にでも適したものである。ひとは顕微鏡的事実の穿鑿に没頭し、そして「仕事」をしたと自分でも考え、他人にも思わせることができる。従ってアカデミズムがこの方法の限界を越えるということは、それほど容易ではないのである。

国文学研究はかかるアカデミズムによって現代文学とは関係の薄いものとなっている。

今日の文学に対する深い理解と愛、将来の文学への真面目な関心と配慮をもちつつ日本古典の研究に従事している国文学者がどれほどあるであろうか。文献学的方法に囚われたアカデミズムかさもなくば多くは古い文学に対する伝統的な崇拝の範囲を出ていないようである。現代の生きた文学的意識からの古典の批評研究は殆ど見られないのではないか。

さきほど源氏物語の戯曲化が試みられて問題になったが、その価値はどうであったにしても、ここでは凡ての新しい試みは歓迎されてよい。冒険も無意味ではない。新しい方法による研究、新しい見方による批評が出て来ない限り、真の古典復興は望み難いであろう。唯物史観的見地における日本文学の社会的批評も次第に現れて来たが、それにとどまらずもっと文学そのものの原理を重んじた新しい批評の出ることが必要であろう。

最近における日本主義の思想の流行は国文学復興にとって一見都合のよいものである。然しながらこの日本主義そのものが無理論、無展望であってみれば、その基礎において真に将来的意義のある古典復興は期待されることができぬ。そればかりでなく、日本の文学は明治以来絶えず外国文学の影響を受けつつ発達して来たが、今やこのようにして出来上った地盤を離れてこの国の文学の将来の発展は考えられ得るであろうか。もし日本主義者の西洋思想排斥が、長年月に亙る外国文学の移植・同化の努力によってせっかく出来たこの地盤を破壊してしまうが如きことでもあれば、それこそ悲むべきことであろう。私は固よりそのようなことがあり得るとは信じない。

古典復興も、そして文芸復興も今はなお不安定なものである。然し我々は失望してはならぬ。ヘーゲルは云う、「自然は最短の道を通じてその目的に達するというのはよく知られた命題である、これは正しい、――然しながら精神の道は媒介であり、迂回の道である。時間、苦労、消費、――有限な生命におけるかくの如き諸規定はここでは当て塡らない。我々はまた、特殊な諸知見が既に今成就され得ない、――此れ或は彼のものが既にそこにない、ということに辛棒し切れなくなってはならない。世界歴史においては進歩は緩慢に進む。」

（一九三四年三月）

シェストフ的不安について

不安の文学、不安の哲学というものが、我が国においてあからさまに問題にされるようになってから、もはや二年にもなるであろう。この頃のレフ・シェストフの流行はその連続であり、その最近の形態である。かくの如き傾向が我が国の社会情勢に相応することは言うまでもなく、この不安は社会情勢から説明されねばならぬ。しかしまたこの不安には単に客観的社会的条件からのみ説明し得ないものがある。もし人間に本来不安なところがないならば、或る一定の条件におかれたからといって、彼は不安に陥ることはないであろう。人間の存在そのものにおける不安が何であるかが究明されねばならぬ。いまシェストフ的不安の性質を理解しつつ、これらの問題についてあらためて考えて見たい。

不安の文学、不安の哲学は、しばしば懐疑論とか厭世論とかいう風に無雑作に批評されている。しかしこの不安は単なる厭世の如きものではないであろう。シェストフは、運命について探究したドストイェフスキーの主人公たちが、キリロフの場合を除き、誰も自殺しなかったことを指摘している。キリロフにしても、彼がみずから生を奪ったのは、生から逃れるためでなく、自分の力を試すためであった。彼等は生が如何に重く彼等に負いかぶさろうとも生の忘却を求めはしなかった。またもし懐疑が真理はないとして探究を断念することであるとしたならば、この場合懐疑というのも正しくはない。シェストフはパスカル論において、「イエスは世の終まで悩み給うであろう、その間は眠ってはならぬ。」というパスカルの語を引き、その意味について繰返し論じている。眠を殺して探究を続けることが懐疑の精神である。何がそのように探究され、また探究されねばならぬのであるか。日常は蔽い隠され不安において初めて顕わになるリアリティである。不安の文学、不安の哲学は、その本質において、非日常的なリアリティを探究する文学、哲学である。それ故にもしかような文学や哲学に対して批判を行うべきであるとすれば、批判は何よりもリアリティの問題の根幹に触れなければならぬ。かくしてまた本来の不安を憂鬱、低徊、焦躁などの日常的な心理から区別することが必要である。不安は単に心理的なものでなくて形而上学的なものである。

私はここで懐疑がいかに容易に好奇心に転落するかを指摘してもよいであろう。好奇心は知識欲のように見られるが、それにとってはもと知識の所有が目的であるのではない。好奇心は定まった物のそばに留まることを欲せず、つねに先々へ、遠方へさまよい渉る。何処にも留まらないということがその性格である。好奇心は到る処に居り、しかも何処にも居らない。なぜならそれが求めるのは真の認識でなく――物に近く踏み留まらないで認識を得ることができるであろうか、――我々自身を散じさせることである。即ち我々は好奇心において我々をシェストフのいわゆる日常的なもののうちにとらえさせることによって我々自身の本来の不安から眼をそむけようとしているのである。物についての「不安な好奇心」（パスカル）のもとに隠されているのは我々自身の不安である。この頃いわれる懐疑はもと何等か不安から出たものであろう。けれども我々の間においてその懐疑が本来の精神を失って、単に不安な流行を作るものとなり、かくして不安な好奇心に転落しているところがないであろうか。シェストフの流行にしても、かような一面がなくもない。不安な好奇心というものが最近の我が国の文化の著しい現象であるように見える。不安な流行、不安な好奇心の機能は、我々を日常的なもののうちに埋れさせ、――そのような流行としては「悲劇の哲学」も日常的なものである、――我々自身の主体的な不安から眼をそむけさせることにある。しかるに懐疑の精神は、日常は蔽われ不安において初めて顕わになる現実に面して最も近く立ち、執拗に問いつつ踏み留まるということである。かくの如き問の固持から文学も哲学も生れてくる。

　いつの時においても哲学の、そしてまた文学の根本問題は、リアリティの問題である。いずれの哲学、いずれの文学も、根本において、リアリティ以外のものを欲するものではない。相違はただ、何をリアルとして体験し、また定立するかにある。その或るものが現実を破壊するように見える場合ですら、これによってただ、ひとつの他の、より深い、より真なる現実を発見しようとしているのである。シェストフがニーチェ、パスカル、ドストイェフスキー、チェーホフ、トルストイ、その他に関する幾多の評論において倦むことなく探究したのも、つまり新しいリアリティの問題であった。「唯一つのことは疑われない、ここには現実がある。新しい、未聞の、嘗て見られなかった、或いはむしろ従来決して展覧に供せられなかった現実がある。」と、彼はドストイェフスキーとニーチェの批評の中で書いている。彼は我が国では主として文壇において伝えられているが、思想的に見ると、彼は現代の哲学から孤立したものでなく、いわゆる実存の哲学、ハイデッガーやヤスペルスなどの哲学と或る共通のものを有すると思われる。

現代の哲学、特にあの実存の哲学は、もはやリアリティの問題を、旧い形而上学のように、実在と現象、本質と仮象という如き区別をもって考えない。シェストフ的思考においても同様にかような区別は場所を見出し得ないであろう。むしろ却って彼は日常的なものと非日常的なものという範疇のもとに思考した。そして彼は非日常的なもの、或いは「地下室の人間」の権利において、日常的なもの、ひとが普通に現実と考えているものに対して烈しく抗議する。シェストフの日常的なものという概念はほぼハイデッガーにおける「世界」の概念に相応すると見ることができる。ただ後者が哲学的に加工され、精巧であるだけ圧力に欠けているに反して、前者はあらゆる世界的（世間的）なもの、そして単に常識やコンヴェンションの如きものばかりでなく、科学や理性をもいわば非哲学的に包括し、それだけ生まの力をもっている。ハイデッガーが世界を理解し解釈するに反して、シェストフにとって日常的なものは憤怒と抗議の対象である。

この時ひとは言うであろう、ただ悲劇の哲学のみではない、科学や理性もまた現実に対して憤怒し、抗議したことがないであろうか、と。しかしながら科学や理性の現実に対する抗議が合理性の非合理性に対する抗議であるとすれば、悲劇の哲学のそれは反対に、非合理性の合理性に対する抗議である。前のものはどこまでも同じ世界の次元における争である。しかるに後のものは地上のものと地下のものと、異る次元のものの争である。従ってこの場合非合理性は合理性の剰余という如きものでないことが理解されねばならない。我々がその上にしっかり立っていると思っていた地盤が突然裂け、深淵が開くのを感じるとき、この不安の明るい夜のうちにおいて日常は無いと思っていたものが唯一の現実として我々に顕わになる。このものはもとより日常的な意味ではどこまでも非存在である。即ちそのとき我々は現実の領域を去って「永遠の、根源的な非存在」に近づく。そしてこの非存在或いは無こそ、唯一の、真に我々にかかわるものとして、現実との矛盾においてそのリアリティの証明を要求せずにはおかないものである。「世界は深い、昼が考えたよりも深い。」(ニーチェ)。現実は日常性の哲学が考えるよりも遥かに深い。「何によってドストイェフスキーは惹き附けられるのを感じるか。『多分』によって、突然性、闇、我儘によって――まさに常識や科学が存在しないものもしくは否定的に存在するものと考えるすべてのものによってである。」と、シェストフは書いている。科学は事物の自然必然性の認識である。常識やコンヴェンションが或る自然的なものであることは言うまでもなく、理性にしても或る自然的なもの、デカルトのいう「自然的な光」にほかならないであろう。しかるにシェストフにとってはリアリティはこれらすべての意味の自然を超えたもの、即ち真の意味においてメタフィジカルなものである。理性は人々の考えるようにメタフィジカルなものではない。シェストフはとりわけ理性にもとづいてア・プリオリの、普遍妥当的な規範を立てようとするアイディアリズムを宿敵の如く攻撃した。

常識やコンヴェンションは我々すべてが自然に有するところのものである。科学は我々すべてを規定する真理を示し、理性は我々すべてが従うべき規範を命令する。それらはみな何等かの意味において、或いはカント的な「意識一般」の意味において、或いはハイデッガー的な「ひと」即ち平均的な、日常的な人間の意味において、「我々すべて」にかかわる。かくしてそれらはみな普遍性、必然性、もしくは自明性を具えている。地下室の人間はこのような普遍性、必然性、自明性と争い、それを克服し、それから解放されることを欲する。常識、コンヴェンション、科学、理性を一緒にして、それらの性質を同一のように考えるのは、認識論的に甚だしい混同であるといわれるであろう。しかしシェストフは、そのような認識論そのものがすでに「我々すべて」或いは「人間一般」の見地に立っている、と考える。かくして自明性に対する争は、「我々すべて」に対する「個別的な、生きた人間」の争である。自明性を克服しようとすることは、「健全な」「普通の」人間から見ると気紛れに等しいかも知れぬ。しかしながら我々は我々の生の決定的な瞬間においてかくの如き「気紛れ」の権利のために争うことを余儀なくされはしないであろうか。自分の愛する者の死を知ったとき、或いは自分自身が直接死に面したとき、死は我々すべてが従わねばならぬ自然必然性であるとして、我々は平然としているであろうか。むしろ我々はそのような打勝ち難い自然法則、自明の真理に対して憤怒を感じ、その克服を欲せざるを得ないであろう。死はそのとき「ひとごと」、「我々すべて」のことでなく、自身の個別的な存在にかかわることである。そして個別的な実存にはつねにパトスが伴う。シェストフは地下室の人間とは死の天使によって新しい眼を与えられた者であるといっている。地下室の人間は自己自身の運命について問い続ける。「彼等はいずれも宇宙から自己の不幸に対する弁明を要求する。」「物質やエナージーは不滅であり、しかしソクラテスやジョルダノ・ブルーノは滅亡する、という風に理性は定める。そしてすべての者は何もいわずにそれに従い、何人も敢えて、何故に理性はこのような法を発布したのであるか、何故に理性はかくも親切に物質やエナージーを守るに心を用い、ソクラテスやブルーノを忘れたのであるか、という問を発しさえしないのである。」自然の法則は擁護されることを要しない。それはそれ自身の有する普遍性、必然性によってみずから自己の現実性を証明するであろう。最も擁護を要求しているのは個別的なもの、偶然的なもの、或る「気紛れ」である。人間が自然的な眼のほかに死の天使によって第二の眼を与えられた意味は、「何等答の存しない、しかもまさにかくも力をもって答を要求する故に答の存しない問を提出する」ところにある。

科学は個別者の問題を顧みない。そして従来の理性の哲学、観念論の哲学もまたこの問題を解決するに無能力である。しかるに悲劇の哲学はかかる個別者の問題に情熱を集中する。「個人の自身の倫理的現実が唯一の現実である」というキェルケゴールの言葉は悲劇の哲学の思想を言い表わすものである。かような現実はシェストフに依ると地下室の人間にほかならない。「目的は次の一事である、あの洞窟を脱すること、法則、原理、自明が人間を支配している魔法にかかった国――『健全な』『普通の』人間の『理想的な』国を脱することである。地下室の人間は最も不幸な、最も悲惨な、最も不利な存在である。しかしながら『普通の』人間、即ち同様の地下室に住みながら地下室が地下室であることを知らず、彼の生活が真の、最高の生活であり、彼の知識が最も完全な知識であり、彼の善が絶対の善であり、彼が万物のアルファでオメガ、初で終であると信じている人間――かような人間は地下室の国では自分がホメロス的哄笑を喚び起すのである。」地下室の人間というものが人間の本来の存在可能性である。

シェストフの悲劇の哲学は人間をその日常性から彼の本来の存在可能性であるところの地下室の人間へ連れ戻そうとする。ハイデッガーが、人間は死への配慮において世界におけるその非本来的な存在から本来の倫理的実存の自覚に到らねばならぬと考えるのと、この点、軌を一にするといってよい。ただシェストフはその心理が一層複雑で、そしてヒステリカルともいい得る鋭さをもっている。このようなところが却って今日のインテリゲンチャに迎えられる所以でもあろう。しかし彼の論理は意外に単純ではないかと思う。彼が突放したところでひとを突放すのはそれほどのことでないかも知れない。また彼においてはニーチェが非難したようなリテラーテントゥム（文士風）が少し目に附くのも気懸りである。けれども徴候性の濃厚な点において彼の書物はたしかに魅力をもっている。その内面性の深さ、その論理のディアレクティッシュな点に至っては、彼はもとよりキェルケゴールの如きに及ばないと思う。

　地下室の人間はエクセントリックではないか、と多分ひとはいうであろう。しかしながら人間は本来エクセントリックになり得る存在である。プレッスネルという学者は、人間的生を植物的生や動物的生と比較して、その根本的特徴としてエクセントリシティ（離心性）ということを述べている。普通に考えられるところでは、すべて生命あるものは一の存在的中心であるという規定を有する。それはつねに自己自身を限定し、みずから自己の空間的時間的統一を形成し、その周囲に対して抵抗の中心、反応の中心をなしている。この存在的中心の周囲が環境と呼ばれ、環境は逆にかような生命統一に作用し、影響を与える。人間的生命もまたかくの如きものである。けれども人間はただそれだけではない、人間は世界に対して距離をもつことができる。いな、人間は、実にそのような存在的中心であるところの自己を離れ、自己に対しても距離の関係に立つことができる。即ち人間は存在的に単に中心的であるのでなく、却ってエクセントリック（離心的）である。人間存在のかくの如きエクセントリシティは自己自身における客体から主体への超越を意味するであろう。人間はその離心性において世界の上に、従って有の上に立っているのでなく、無の上に立たされているといわねばならぬ。もとより彼は客体的には世界のうちにあって一の存在的中心をなしている。しかし離心的な、主体へ超越したものとしては無の上に立たされているのである。わかり易くいうと、人間は単に世界のものでなく、むしろ世界において異郷人である。人間は異郷人として彼が世界のうちにあるのは出て来てあるのである。人生は旅であるというあの感情も、人間存在の離心性を現わしているとして自分が出て来るもとを考えるとき、このもとは無である。我々はすでに、出て来たものとして自分が出て来るもとを考えるとき、このもとは無である。我々はすでに、いわば宿命的に世界のうちへ出て来てしまっている。何故に我々は世界のうちへ出て来なければならないのであるか。まさに無の上に立たされているためにほかならない。地下室の人間というのは、このような問において自己が無の上に立たされていることを自覚させられた、エクセントリックな人間である。エクセントリックになり得るということが人間の特徴であり、それ故にこそ古来あのようにしばしば中庸ということ、ほどほどにということが日常性の道徳として力説されねばならなかったのである。シェストフは地下室の人間が何よりもこのような中庸を否定することを繰返し述べている。

　人間存在のエクセントリシティは単に知的な意味に、即ち人間は主観として客観であるところの世界に対して距離の関係に立ち、これについて客観的な知識を得ることができるという意味にのみ解されてはならない。もちろん、人間が離心的でないならば、人間は自己をも含めての世界について客観的な知識を得ることはできぬ。しかしながらエクセントリシティは人間の全存在にかかわることである。そこで人間にはまた根源的にニーチェのいわゆる「距離のパトス」が属している。古代ギリシア人がヒュブリス（驕り）といったものもかくの如きものと解することができるであろう。ニーチェの超人はこのような距離のパトスから生れた。しかるに人間存在の離心性は人間の力と共に人間の無力をも語るものである。その離心性のために、彼にとっては生きるということは周囲と忘我的にもしくは脱魂的に融合して生きることであり得ず、生は生に処するということであるように余儀なくされている。彼は生でありながら、生を生きなければならぬ。彼は自己があるものに自己を初めてなさなければならぬ。「生ける生」ということが無意味な同語反復でなく、また「より多くの生」に対する要求が感じられるのもそのためである。

　しかるにこのように生であるところの人間が生を初めて得なければならぬということは、彼の生の根本的な窮迫を意味している。窮迫は単に外的生活の窮乏でなく、内面的な窮迫であり、彼が無の上に立たされていることに基づく。あらゆる人間的欲望はかかる根本的な窮迫によって担われる故に、或る無限性、即ち決して満たされることがないという性質をもっている。言い換えると、人間的欲望はデモーニッシュである。デモーニッシュなものというのは無限性或いは絶対性の性質を帯びた感性的なもののことである。しかるにまた人間にとって生は生に処するということであるところから、人間の生活は根本的に技術的である。技術的ということは単に工学的の意味にのみ考えられてはならないのであって、人間はその極めて原始的な欲望ですらつねに技術的にもしくは技巧的に満足させようと求める。そこから人間的生はデカダンスに陥る性質をおのずから内在せしめている。すべてこれらのことは人間存在のエクセントリシティに基づくと考えられる。人間のこの性質は彼の力と同時に無力を現わしている。悲劇的人間が如何にこのような無力と力との交錯を経験したかを、我々はシェストフにおいて、また特にニーチェにおいて見ることができる。

　ところで人間がエクセントリックであるということ、その客体的な存在的中心から離れるということは、人間が主体的にその存在論的中心ともいうべきものを定立しなければならぬということ、またこれを定立する自由を有するということを意味している。彼が周囲の社会と調和して生活している間はその必要は感じられないであろう。なぜならそのとき彼が主体的に定立すべき存在論的中心は世界における彼の存在的中心に相応していわば自然的に定められているからである。このような場合人間はエクセントリックでない。彼の生活は平衡と調和を有し、死の不安も顕わになることがない。これに反して彼自身と周囲の社会との間に矛盾が感じられるとき、彼の右の如き自然的な中心は失われ、不安は彼のものとなる。かくして不安が社会的に規定される方面のあることは明かである。この不安において彼が主体的に自己の立っているところを自覚するとき、彼がもと無の上に立たされていることが顕わになる。中心は如何にして新たに限定され得るであろうか。

このとき問題は、シェストフがそのチェーホフ論を名附けたように「無からの創造」とならねばならぬ。しかるに無が単なる必然性であるならば創造ということもあり得ないであろう。地下室の人間が突き当った無はしばしば「運命」ともいわれている。そして運命は普通に必然性の別名の如く考えられている。けれども必然性と考えらるべきは却って世界、人間がそのうちに投げ出されている世界である。世界ももとより運命と見られ得るが、それは外的運命であり、このような必然性に対して本来の運命、無は、むしろ可能性であり、自由である、シェストフもそのように考えた。「人間は自由でないというのでなく、却って彼等は世の中で何よりも自由を恐れる。それだから彼等はまた『認識』を求め、それだから彼等は『間違のない』、争われない権威、言い換えると、彼等がすべて一緒になって崇拝することのできるような権威を必要とする。」しかし無は可能性であるといっても、単に非現実的であるのでなく、むしろそれに対しては現実が非現実的で、外的運命が偶然的とも見られ得るような可能性である。

「可能性はそれ故にあらゆる範疇のうち最も困難な範疇である。」とキェルケゴールは書いている。我々は無の弁証法的性質を理解しなければならぬ。無が死であることは確かである。しかしただ死であるならば、それが自由であり、可能性であるとはいい得ないであろう。無はまた生である。無は我々がそこに死に、そこに生れるところである。我々は死ぬべく生れ、生るべく死ぬる。シェストフが日常的な時間とは次元を異にすると考えた時間はそのようなところである。無からの創造はかくの如き弁証法の上に立たねばならぬ。

無からの創造の出発点は何よりも新しい倫理の確立でなければならぬ。私が存在論的中心の定立というのはそのことである。そのことは世界へ出て行くことの意味の確立にほかならない。我々はすでに、無自覚に、世界へ出て来てしまっている。エクセントリックになって、地下室の人間として自覚することは、世界へ出て行くことの意味を考え、新たに決意して世界へ出て行くためでなければならぬ。ドストイェフスキーにおいてはなおこのような倫理が確立されていない。シェストフは書いている、「ドストイェフスキーは、『行為する』ためには、彼の第二の眼を、あらゆる他の人間的感情及び我々の理性とも調和する普通の人間的な眼に従属させねばならなかった。」しかしながら行為することはいつでも第二の眼を第一の眼に「従属」させることであろうか。ドストイェフスキーが「従属」させたわけは、彼に新しい倫理の確立がなかったためである。シェストフは、「十九世紀の人間は、おもに無性格な人間即ち行為する人間――おもに制限された存在であるように、道徳的に義務附けられざるを得ず、また義務附けられている。」というドストイェフスキーの地下室の人間の言葉を感激をもって引いている。しかしながら何故にすべての行為する人間は「無性格な」「制限された」存在でなければならないのであるか。廿世紀の人間は別のことを考えてはならないのであろうか。問題は新しい倫理を確立すること、世界へ出て行くことの意味が確立され、それによって行為的人間の新しいタイプが創造されることである。この人間は現実と妥協することなく、地下室の人間のように烈しく現実に対して憤怒し、抗議するであろうし、しかも彼は現実を現実的に克服し得るために科学や理性によって武装されているであろう。しかしながら無からの創造は決して容易なことではない。「可能性はあらゆる範疇のうち最も困難な範疇である。」必然性と可能性との綜合としての現実性に達すること――無からの創造はそこに初めて成就される――は、更に一層困難である。

（一九三四年九月）

浪漫主義の擡頭

さきほどから文壇の一角において浪漫主義の叫びがあげられている。林房雄氏、亀井勝一郎氏などの名が先ずそれに関聯して考えられるであろう。このような叫びは今度やや具体的な文学運動の形式を取ろうとしている。『コギト』十一月号にはそれの宣言とも見られ得る『日本浪曼派』の広告文が掲げられた。この宣言の署名人、近く発刊されるというこの新雑誌の同志には、亀井氏を初め、保田与重郎、中島栄次郎、中谷孝雄、神保光太郎、緒方隆士の諸氏がある。あの同人雑誌『現実』の一部が『日本浪曼派』に変るわけであろう。我々はかかる題名変化のうちに最近の文壇の動きの一徴候を認めることができる。従来全く圧倒的であったリアリズムに対して、ともかくもロマンチシズムを名乗る者が現れて来たのである。

林氏や亀井氏などには左翼的傾向の人の中でも元来性格的に浪漫的なところがある。またコギトの基調は、唯それがこれまで公然と主張されなかったというだけで、もともと浪漫主義であった。時には文壇の風潮に押されて保田氏その他がリアリズムを唱えたことがあるにしても、その理論の実質はいつも浪漫主義を多く出なかったのである。ヘルダーリン、ノヴァリス、シュレーゲル、シェリング、等、ドイツの浪漫主義者の紹介と研究とはこの雑誌の特色をなし、その功績に属すると見られてよい。然しながらこの系統の浪漫主義と、亀井氏などにおいての如くプロレタリア文学の系統から来た浪漫主義とは、それほど無雑作に結び付き得るかどうか、既に一つの問題であろう。

右の日本浪曼派の宣言によると、この運動は今日瀰漫せる「平俗低徊の文学」に対する挑戦である。それは市民的根性に対する「芸術人の根性」の擁護である。また曰う、「日本浪曼派は今日の最も真摯な文学人の手段である。不満と矛盾の標識である。」更に曰く、「日本浪曼派は、今日僕らの『時代の青春』の歌である。僕ら専ら青春の歌の高き調べ以外を拒み、昨日の習俗を案ぜず、明日の真諦をめざして滞らぬ。わが時代の青春！この浪漫的なものの今日の充満を心情に於て捉え得るものの友情である。芸術人の天賦を真に意識し、現状反抗を強いられし者の集いである。日本浪曼派はここに自体が一つのイロニーである。」と。これらの文章のうちに言い表されているのは、一、俗人根性に対する芸術的天才性の高揚、二、散文的精神に対する詩的精神の強調、三、浪漫的アイロニーの主張、等々である。然るにかくの如き提唱は実は就中かのドイツ浪漫主義の芸術論殆どそのままの繰返しであって、遺憾ながら新味に乏しいと云わねばならぬ。それにしても、このような提唱にも今日の文学の状況において何か新しい意義が認められるであろうか。

この頃の文壇における一つの顕著な現象として指摘され得ることは、とりわけ若い世代の批評家たちの間に見られる主観主義的傾向である。客観的な基礎付けや論理的な聯関には無頓着に、ただ自己の「心情」を主観的に語ることが彼等に喜ばれる。この人々の文章が難解であるというのも、彼等が意識的に或は無意識的にアイロニーを好むからにほかならない。アイロニーは諷刺やユーモアとしばしば混同されているが、夫らは性質的に違ったものであって、互に明瞭に区別されねばならぬ。先ずこのアイロニーの本質を究めることが、浪漫主義の意義を明かにするために必要である。主観性とアイロニーと浪漫主義とは密接につながっている。若い世代の思考のうちにアイロニーが顕著であるところから見れば、今日浪漫的傾向は、理論の上ではともかく、精神的態度の上では存外広く行き亙っているとも云われ得る。

諷刺の基礎にはリアリスチックな、客観的な、社会的な見方がある。このことは、少し以前文壇においてリアリズムの気運が全盛であった丁度その時分に、諷刺文学の問題がたびたび議論されたことからも知られるであろう。然るにアイロニーは主観性の規定である。キェルケゴール、此性格的には浪漫主義者でありながら浪漫主義克服の為に苦闘した詩人的思想家の言葉によれば、「アイロニーは主観性の最初の、最も抽象的な規定である」。そのことは、あのソクラテスのアイロニーによって有名なソクラテスにおいて、主観主義の立場が初めて人類思想のうちに現れたということが示している。近代哲学においてカントに始まる主観主義は放胆なフィヒテを俟って完成され、そしてフィヒテの後、彼の影響のもとに、シュレーゲル、ティークなど浪漫主義の文芸家は、アイロニーを一つの立場にまで高めた。かかる歴史的聯関から見ても、アイロニーが主観性の規定であること は明瞭である。

いまキェルケゴールは種々なる意味で現代人の意識の一標識となっているが、彼がアイロニーの概念について書いた文章は、最近我国に現れた浪漫主義の心理を理解する上にも役立ち得るであろう。彼はその中で云う、アイロニーは否定性である、なぜならそれは唯否定するのみであるから。それは無限である、なぜならそれは此のもしくは彼の現象を否定するのでないから。それは絶対的である、なぜならアイロニーがその力において否定するものは実は存在しないところの、より高いものであるから。アイロニーは無を建てる、なぜなら建てらるべきものは、その背後にあるのであるから。またアイロニーにおいて主観は消極的に自由である、なぜなら主観に内容を与うべき現実はそこにないのであるから。主観は与えられた現実がそのうちに主観を縛る束縛から自由である、主観は消極的に自由であって、かかるものとして浮動的である。このような自由、このような浮動が人々に或る感激を与える、なぜなら彼等はいわば無限の可能性に酔っているのであるから。キエルケゴールがアイロニーを説明したこれらの言葉は、今日の日本の青年浪漫主義者の心理をかなり適切に説明していないであろうか。

この人々は現状に対する反抗者である。このことは誰も尊敬をもって認めなければならぬ。彼等のアイロニーはそこから生れる。然しながらその反抗は具体的な、限定された現実に対するものではなく、寧ろ無限定な反抗であるということがその特徴である。それは無限なる否定である、なぜならそれは無限定であるから。現実は狭隘卑小なものとして感ぜられるが、如何なる原因に限定されてそうであるのかは客観的に考察されることなく、それ故に現実と云っても無限定なものに過ぎない。彼らの戦いは一定の戦線というものをもたぬ。然しフロントをもたない戦いは戦いと云われ得るであろうか。そしてこの人々はただ彼等の主観性をもって戦う。そこでは「良心」という、この最も主観的なものが問題にされる。良心といっても客観的原理としては無内容であり、従ってこの人々は「夢」について、また「憧憬」について語る。「我が時代の青春の歌」とは「無限の可能性」に対する陶酔にほかならないであろう。無限定な現実に対せしめられるのは無限の可能性という主観的なものである。

我々の時代は混沌として行方を知らぬように見える。其方向を客観的に指示すると称した諸主義、諸原理も信頼するに足らぬかの如くである。しかも現実の状態は我々の反抗せざるを得ないものである。そこから浪漫的アイロニーが出て来る。然し彼等の夢や憧憬が真に詩的で明朗であるかどうか、問題である。

代表的な浪漫主義、十九世紀のドイツの浪漫主義は、詩的浪漫主義、憂愁の浪漫主義、悲劇的浪漫主義という三つの様相もしくは段階を有すると云われている。詩的浪漫主義者は自己の主観性に逃れ、何等かの部分的想像から宇宙を築き上げる。憂愁の浪漫主義者は自己の主観性に引籠り、一切のもののうちにおける異郷性を痛ましく体験する。悲劇的浪漫主義者は実存に向って努力する、彼は詩的浪漫主義者の逃避と憂愁の浪漫主義者の受動性とに対して戦う。言い換えれば、彼は彼の浪漫主義を否定し、彼の浪漫的運命を克服しようとするのであるが、それが成功するものでない限り、彼は悲劇的浪漫主義者たらしめられる。ストリンドベリイも、ニイチェも、ドストイエフスキーも、キェルケゴールも、このような悲劇的浪漫主義者の一面を有したと云われよう。

ところで今日我国の浪漫主義的現象を観察するとき、これら三つの様相は種々なる程度で新しい形態を取っている。ここではもちろんこの国の一般的精神的状況に相応していろいろ混淆している。然しコギトの人々の浪漫主義はどちらかと云えば詩的乃至憂愁の浪漫主義であり、そして此頃の若い世代の思考におけるアイロニーというものに大きな影響を与えたと思われる小林秀雄氏などは、その浪漫性の方面からすれば、悲劇的浪漫主義に近いとも見られなくはなかろう。更に新しい傾向としてプロレタリア文学から出た浪漫主義は新しい詩的浪漫主義とも云うべく、殊に亀井氏の場合の如くマルクス主義の社会的階級的見地から離れるとき、それはやや純粋な詩的浪漫主義となるであろう。

かの「文芸復興」の声によって芸術の解放が求められた。それによって準備されたのは芸術家の主観性の解放である。ところが皮肉にも、或は意味深くも、かかる文芸復興の声と共にリアリズムの主張が圧倒的な勢力を占めることになった。文芸復興という語がそれ自体或浪漫的なものを現し、それまで支配的であったところの、プロレタリア文学の正統的と称せられる純粋な客観主義の主張に対して、主観性の解放を意味するとしたならば、その場合リアリズムは決して単なる客観主義のことではあり得なかった筈である。それにも拘らず、リアリズムという標語に圧迫されてこれまで主観性は十分に主張されず、また尊重され得なかった。リアリズムの散文的精神によって「詩的精神」は抑圧され、その写実的精神によって芸術の「創造性」の理解は制限され、芸術の主導的能力が美学第一課の教える如く感情乃至「想像力」であることが蔽い隠され、このようにして作品は低調なものになって行くように感ぜられるところがあった。かくて今文芸復興の声によってその解放を準備された主観性が一つの立場にまで高められて浪漫主義の提唱となったということにも理由がなくはなかろう。

浪漫主義はかくの如き反動として今日或意味、また或必要をすらもっている。然しその意味は消極的に過ぎぬのでないか。浪漫主義は現状に反抗する、そこにその積極性があると云うかも知れない。けれども反抗さるべき現実の客観的認識が見棄られる限り、反抗はアイロニーとして主観性の内部に留まるのほかない。悲惨なる現実の中にあってなお夢み、憧憬しようとする心情の美しさを誰も疑いはしないであろう。然し問題は、この夢の内容、この憧憬の方向が如何なるものであるかということである。それが現実の発展の方向と一致しない場合、浪漫主義は悲劇的浪漫主義とならざるを得ない。また一致する場合、浪漫主義は単なる浪漫主義でなくなってしまうであろう。そこで我々はもう少し、新しい詩的浪漫主義と時代との聯関を考えてみよう。

今の時代が転換期であるとすれば、この時代はそれ自身において或浪漫的な性格を具えている筈である。私は嘗てネオヒューマニズムの問題と文学について論じ(『文藝』創刊号)、次の如く書いたことがある。「現代はまことに多くのミュトスを包蔵している時代であり、そこにあらゆるリアリズムの提唱にも拘わらず、現代のロマンティシズム的性格がある。このことは如何なるリアリズムの唱導者も見逃してはならないことである。」ここで云ったミュトスは浪漫主義者の欲するように「夢」という語によって置き換えられてもよい。ただミュトスは個人的な夢のことでなく、本来社会的なものであり、社会的ミュトスとして我々にとって重要性をもっている。然るに浪漫主義者は芸術的天才性を強調することによって、その主張のうちには芸術至上主義の傾向が甚だ濃厚であり、夢とか理想とかもそのような立場において詩的個人的なものと考えられているに過ぎないのではないかと疑われる。

亀井氏は云っている、「ロマンティズムを、妄想であり観念の遊戯であるとみなす俗見は既にうち破られている。それはふかく現実に徹しようとするものの情熱の方向であり、現実のなかにただ現実をみるのではなく、その可能性と未来性とをみる、言わばリアリストなるが故にこその夢である」（『文藝』九月号）。然し現実をその可能性と未来性とにおいて見るというのは現実を発展的に見ることにほかならず、そしてそれこそマルクス主義の唯物弁証法においてなされていることではないか、と反対されるであろう。寧ろ自己の夢を、現実との聯関において規定することなく、もしくは現実との聯関において規定することが不可能であると考えるところに浪漫主義があるのではないか。周囲の現実は夢を許すようなものでなくて、夢を全くたたき毀すようなものである、けれど我々の主観はなお夢みることを欲する、この主観の憧憬に詩的場所を与えるために現実から主観のうちへ逃れようというのが浪漫主義ではないであろうか。

ミュトスというものは決して単に客観的にのみ限定し得ぬものである。その限りにおいて浪漫主義が客観的現実主義に反対することは正しい。またそれが人間性のうちに含まれる憧憬、エロスを尊重しようとするヒューマニスチックな気持乃至態度も我々の同感できることである。エロス、人間のパトスのこの根源的なもののうちから生れるミュトスを単なる妄想と見做すことには我々も反対する。然しながらミュトスは限定され、形成されねばならぬ。そしてそのためには新しい倫理の確立されることが何よりも必要である。ところが浪漫主義者はその浪漫的美的態度ないし芸術至上主義の自然の結果としてこのような倫理の問題を度外視することになる。なるほどこの人々は「良心」と云う。けれども良心とは「心情」のことであり、この人々の良心が無限であるのは、この人々の「夢」が無限であるのと同じように、それが無限定であるがためにほかならない。倫理の問題を単なる客観主義の立場から見ることは誤っているとしても、社会的現実との聯関を断念した良心は結局アイロニーの範囲に留まるであろう。

それにしても、最近の浪漫主義の根柢にもヒューマニズム的要求が新たに動いているのではなかろうか。私は浪漫的アイロニーが新しい倫理によって支配されて行動的になることが必要であると思う。ともかく、この頃或は「行動的ヒューマニズム」と云い、或は「意志的リベラリズム」と云い、ネオヒューマニズムの問題がかなり力強く現れて来たことは注目すべきことであり、興味深き事実であると云わねばならぬ。ネオヒューマニズムの原則の徹底的な論究が今要求されている。

（一九三四年一一月）

創作と作家の体験

この時代の我が国の文学について、作家の生活の狭さ、体験の浅さが、しばしばいわれている。もちろん、これは今日初めていわれることでなく、従来とてもいわれて来たことである。しかもそのようなことがいわれる場合、注意すべきことは、それがつねに現在の文学に対する種々の要求に結びついて、その見地からいわれるということである。

かかる要求の一、二を挙げてみると、それは先ず、我々の文学がなかなか脱却し得ない私小説的或いは心境文学的傾向の超克に対する要求に関聯していわれる。これまでの私小説や心境文学を踏み越えるためには、作家が生活経験を広くし、人生及び社会についての認識を深める必要があることは論ずるまでもないであろう。しかるに作家の生活の狭さ、また勉強の浅さは、次に、文学の好《よ》き意味における通俗性に対する要求に関聯して、我々の文学について指摘されることができるであろう。いわゆる通俗文学もしくは大衆文学のことは措いて、純粋文学と通俗性の問題は、これまでにもときどき議論されたが、最近ではまた横光利一氏の如き作家も通俗性の要求をみずから提出されているのである。我が国の今日の純粋文学にはよき意味における通俗性が欠けており、そこで文学に対する一般社会の関心もしぜん局限されているが、その作品が通俗性をもつためには、作家がもっと広い社会の多種多様な生活についての経験と知識とをもたねばならぬことは明かであろう。

それがどのような要求に関聯して語られるにせよ、現に作家の生活の狭さ、また勉強の浅さが感ぜられることは確かである。手近なことからいっても、今日の比較的若い文学者の経験と知識とは、芸術の範囲においても、多くはただ文学のことにのみ限られて、これと関係して音楽とか演劇とか美術とかを研究して自分を大きくして行くというような態度はあまり見られないようである。尤も、かかることは、今日では、単に作家の場合のみでなく、学問の領域においても認められることであって、学者の如きにしてもだんだん型が小さくなっているのではないかと思われる。

かような現象が文化の諸領域において広汎に認められる以上、そこには何か一般的な社会的原因が存するに相違なく、それが如何なるものであるかを明瞭にすることが必要である。然しここではそのような一般論は抜きにして、文学だけに限っていえば、私はその一つの原因をさしあたり、我が国においては現在殆ど凡ての場合、文学者がいわば「文学青年」の道を通って出て来るというところに認め得るように思う。文学以外のことをしていた者が中途から作家になるということは、諸外国においてはかなり見受けられるようであり、日本においても明治時代の大作家鷗外や漱石などの例がある。然るに今日では、殆どすべての作家が最初から現存の文壇を唯一の目標として修業する。そのこと自体が悪いというわけでは決してない。けれども文壇内部の事情にあまりに通じ、そこに存する諸因襲——それは外部で想像されるよりも遥に多くまた遥に固いということである——をあまりによく心得、それに調子を合せてゆくことに努める結果、おのずから生活も物の見方も制限されて来ることは決して少くないのである。

しかしながら今日特に作家の生活の狭さ、また勉強の浅さが作品そのものにおいて感ぜられるということには、一層内面的な理由がある。それは何より第一に、我が国の現在の真面目な若い作家の多くが最も苦しんでいる問題であって、思想と人間とのあいだの乖離と呼ぶことのできるものである。これはまことに切実な問題であって、今日或る若い批評家をして「思想と人間とのもっとも荒々しく交渉する場所に小説典型を見出すことは現代小説家の義務である」とまでいわしめたところのものである。

文学の思想性は以前プロレタリア文学において力強く叫ばれたものであるが、この問題が今ではいわゆる芸術派の内部にも起っている。このごろの能動精神の提唱にしてもこれと関聯しているであろう。作家はもはや思想なしには小説が書けなくなったという。しかるに今日思想そのものは作家にとってありあまるといってもよいほど与えられている。しかもただ思想だけで小説が書けないことは文学におけるイデオロギーをあんなに強調したプロレタリア文学の頓挫によって、とりわけ芸術派の作家には、またいわゆる転向作家にも、甚だ明かになっている。

真の文学作品が作られるためには思想が人間化されなければならない。思想は如何にして人間化され得るか。思想は固より人間の生産物であるが、それがひとたび思想として形成されてしまうと、あらゆる他の人間生産物と同じく、弁証法の言葉を用いるならば「疎外」が行われる。即ち思想は非人格的となる。このようにして人間に対立する思想は、しかも我々がそれを客観的真理と認めざるを得ない場合、如何にして人間化（主体化）されることができるか。それを受け容れ、それに服従することは人間の自由、生命性、人間の「人間性」を束縛し、圧殺することになりはしないか。特にそれは作家の創作的活動、根源的な自由を予想するこの活動を圧迫し、固定化し、硬化させはしないか。作家はもはや思想なくして小説を書くことができないのを感じている。しかるに思想は思想としてつねに人間を「強要する」性質を具えている。人間は如何にしてかかる思想を、人間性を殺すことなくして人間化することができるか。我々はここに新世代の作家の深い悩みを見出すのである。シェストフの如きが特に若い作家に熱心に読まれたということは、決して単にいわゆる洞窟哲学の流行を意味するものでなく、まさに右の如き問題が現在の作家の根本的な悩みであることを現わしている。蓋しシェストフの問題はまさに、人間が客観的な必然的な真理を人間化することが果して可能であるかということに存するのである。

かくして我々は今日、我が国の最もすぐれた、また最も真面目な作家がいずれも、思想と人間との激しい交渉の場所に身をおいているのを見ることができる。そしてこの問題が十分に解決されていない場合、或いはその解決が十分に円熟していない場合、一方では作家の勉強の浅さ即ち思想の理解の不足が非難され、他方ではまた生活の狭さ即ち体験が思想に負けて作品に生命が乏しいといって非難されることになるのである。このように非難されねばならぬ場合、そういう欠陥が今日作家の如何なる創作的情況から生れているかを理解することが大切であると思う。

生活とか経験とかは作家にとってどこまでも「文学以前」のものと見られ得るであろう。しかしこのような文学以前のものは決して文学に無関係であるのでなく、厚みのある、幅のある、大きな文学の作られるためには欠くことのできぬ地盤である。いな作家にとって真に経験といわるべきものは、創作の外部にある、その以前のものでなくて、創作活動と内面的に結びついたものにして、はじめて真に「作家的経験」と呼ばれることが出来る。経験は性格化され、運命化されなければならない。どのような外的な経験をも性格化し、運命化するところに作家の真の能力がある。思想もまたもとより文学以前のものであるにしても、決して文学に無関係なものでないが、しかし真の文学的思想といわるべきものは、作家において肉体化され、運命化されたものでなければならぬ。そうした思想は作家の体験と内面的に統一され、融合されており、むしろ作家的体験そのものに属し、我々は唯あとから抽象することによって思想として分離し得るのみである。ゲーテの古典主義と彼のイタリー旅行とは密接な関係をもっているが、ゲーテの内面的発展から見るとき、両者はいずれが原因でいずれが結果であるか定めることのできぬほど緊密につながっている。そこには思想と経験との幸福な遭遇があり、この遭遇にはデモーニッシュなものがはたらいている。

いうまでもなく、体験だけでは文学は出来ないのであって、そこには技術が要求される。このごろ一方では文学の思想性が強調されるとともに、他方では「芸」の問題が川端康成氏などによって取り上げられたのもこれに関聯している。尤も、芸というものは恐らく単に技術のみを意味するのではないであろう。芸は智的な技術——ここに智性というのは科学と同じでなく、或る特殊な智性である——の意味だけでなく、そのような技術が生活体験と融け合っているところに芸といわれるものがある。芸はそれだけでなくまた好き意味におけるマンネリズムの要素を含んでいる。芸が「遊び」といわれるのもそのためである。いったい、ほんとに面白い作品は、伝統的な日本文学においてのみでなく、外国の文学においても、作家が好き意味におけるマンネリズムに陥った場合に作られるのではないかと思う。その場合に体験と技術とのあいだに間隙のない作品が出来上る。

然るに今日の若い作家の不幸は、こうした体験と技術との融合に達し得る見込が殆どないというところにある。それは、作家の恵まれない生活条件とかジャーナリズムの現状とかに依存することも多いが、しかしもっと内部的な問題として、今日我が国においては伝統的な文学傾向を克服するために新しい技術を新たに修得するもしくは発見するという容易ならぬ苦心がある。そのことはまた同時に我々にとって生活といわれ体験といわれるものがその本質的な規定において変化して来たことと関係している。即ち従来の文学において生活といわれるものは主として「日常生活」のことであって、日常性がその根本的性質であった。然るに現在においては生活というものを歴史の方面から、もっと正確にいえば、「世界歴史性」の方面から考えることが次第に一般化して来た。作家においても生活の概念が変りつつある。それに応じて新しい技術を獲得することがいよいよ必要になって来る。今日の文学において作家の生活の狭さ、その勉強の浅さが感ぜられるのは、かかる創作的情況に関係していることが注意されねばならぬ。

（一九三五年五月）

文学者の不遇

最近一二の目立った事件をきっかけにして文学者の生活上の不遇が問題にされている。かような不遇はもとより今に始まらないであろう。しかし昔はそれが「天才の不遇」などと云われて、却って若い人々のロマンチックな、英雄的な気持を唆るものであったのに、この頃ではそのような事件に出会う毎に若い人々までが生活について考えるようになったところに、変化があり、問題の深刻さがある。

他人の作った過去の作品について講義をして暮す学校の教師は、たとい十分優遇されていないと云っても、そのような作品を実際に生産する文学者に比しては生活の安定を与えられている。幾年文壇で働いても、そのために原稿料が上るのでもなく、年金が貰えるわけでもなく、そのうえ常に後から来る若い作家と自由競争をさせられているというのでは、文学者が生活の不遇を喞《かこ》つことがあるのも当然であろう。

尤も、このように生産者が尊重されないということは、一般的に見れば、単に文学の世界のみではない。学問の世界にも同様のことがある。例えば、毎年学士院賞の受賞者は、文化科学の部門では、その殆ど凡てが東洋に関する歴史的研究に限られているようである。この方面の研究も大切には相違ないが、現代の生きた問題に直接関係する文化科学や哲学における本来の生産的な仕事があまりに無視されている。学士院の存在が社会と全く没交渉になっているのもそのためにほかならない。

更に広く眺めるならば、生産者の不遇は現代社会の一般的状態であることが知られるであろう。それは単に精神的文化の生産者の場合においてのみでなく、却って何よりも農民や労働者の如き物質的生産に従事する者の場合において認められる。二つのことは決して無関係ではない。物質並びに文化の両方面において生産者尊重の倫理を確立することは今日の社会の急務でなければならぬ。

文学者の不遇が社会的原因にもとづくことは明かである。しかし今日注意を要することは、自己の問題をただ社会に帰して、これを主体的に把握する勇気が失われつつあるという傾向である。凡てを社会的に客観的に見ることは今日の常識となっている。これはもとより極めて重要なことであるが、そのために却って俗物根性が次第に広く発生しつつあるということがなかろうか。かかる俗物根性に対して英雄的精神の誕生が待望されるのである。そこに我々は生産者自身の倫理を要求する。

（一九三六年五月）

ヒューマニズムへの展開

日本文学は現代において如何に展開しつつあるか、また如何に展開さるべきであるか、という問に答えることは、決して容易ではない。今大胆な概括が避け難いとすれば、私は、現代における日本文学の展開をヒューマニズムへの展開として考えたいと思う。それでは、何からヒューマニズムへ展開して来るのであるか、と問われるならば、これは概括して、展開の過程はナチュラリズムからヒューマニズムへの展開であると云うことができようと思う。

この場合先ずナチュラリズムという語は、西洋における自然主義並びに近代日本文学における所謂自然主義とは違った意味に理解されねばならぬ。その自然主義は東洋的世界観の根本的特色とされている形而上学的な「自然」、従ってむしろ我が国古典文学の精神とされている「あわれ」「さび」「わび」「しおり」「幽玄」「風雅」等の根柢となる「自然」に関係している。西洋の自然主義文学と明治大正の自然主義文学との異同を論ずることは一個の重要な問題である。我が国の自然主義文学について云えば、それは一方それ自身日本文学におけるヒューマニズムへの展開の道程に一つの注目すべき位置を占めるということ、しかも他方それはなお伝統的な意味における自然主義の要素を多分にもっているということによって特徴付け得るであろう。それ故にまた次に、ここでいうヒューマニズムの意味も、決して狭い意味に、例えば以前の白樺派の人道主義とか、或いは今日の行動的ヒューマニズムとかと同じ意味に理解されてはならぬ。とりわけそれは所謂人道主義と一緒にされないことが必要である。明治以後における日本文学の展開が、全体として、ヒューマニズムへの方向をとっていると考えられ、この方向を如何に発展させるかが問題であると思われるのである。

この展開を詳細に跡づけることは大きな仕事である。今最も簡単な且つ最も基礎的なことについて云えば、「文学意識」の成立そのものが我が国においては新しいことに属する。岡崎義恵氏も次のように書かれている、「過去の日本に果して『美』とか『文学』とかいわれるものの自覚が存在したかどうか疑わしいのであって、もし過去の思想感情の再現を志すとすれば、日本文学の美学的考察というが如き試みは無意味となるかも知れない。」文学意識の成立は伝統的な東洋的自然主義に対してはそのこと自体新しいことであって、我々はそこにヒューマニズムの誕生を見る。我が国においてプロレタリア文学が文学の社会性を強調し始めた頃、従来の日本文学は芸術至上主義に立っていたと批評されたようなこともあるが、それは正しい見方であるとは云えない。固有な意味における美意識、文学意識の存在しないところに、芸術至上主義も、芸術のための芸術という思想も、存在し得ないであろう。文学意識の成立は、自然に対する文化の意識の成立を意味するものであって、このことはヒューマニズムにとって構成的な要素である。

勿論ヒューマニズムへの展開は、その一つの場合、西欧におけるルネサンスが数世紀に亙る歴史を有するように、我が国においても一朝一夕にして為遂げられたことでなく、また為遂げられ得ることでもなく、紆余曲折した道を辿らねばならなかったし、また現に紆余曲折した道を歩んでいる。かかるヒューマニズムへの展開の道程に今もなお横たわる一般的問題の若干を、ここでは主として「文学意識」の問題に関聯して考えてみよう。

先ず文学意識の成立に伴って文学と生活との間に距離を生じ、その解決が重要な問題として文学者に課せられるに至った。伝統的な自然主義においては、自然と人間との関係は対立的にでなく有機的融合的に見られたように、文学と生活との間にも距離が存在しなかった。文学と生活との距離は新しい文学意識の成立と共に初めて意識され、その距離の新しい仕方における解決が初めて問題になったのである。このような関係は単に文学の場合のみでなく、学問の場合にしても、「科学意識」の成立によって初めて我が国において所謂「生と学との距離」が問題になるに至ったのである。かかる文学意識の成立と発展は云うまでもなく社会の変化と発展に制約されている。そこには生活そのものの改変がある。然るに周知の如く、我が国の社会には、特に日常生活の方面においては、現在もなお封建的残存物が多い。とりわけ文学者の生活には封建的なものがある。そのために、新しい文学意識の成立と共に生じた文学と生活との距離は、その問題の解決が決して容易でないところから、新しい仕方で解決することを放棄され、まさに生活及び文学の概念の変化がその問題を発生させた根源であることが顧みられないで、伝統的な文学の理念に、そこでは文学と生活との距離が謂わば最初から問題になり得ないような自然主義の理念に、文学の純粋性の名において、復帰することが試みられる。例えば、文学と政治の問題は、新しい種類の作品の出現によって芸術的に解決されねばならぬに拘らず、その問題が抛棄され、純文学といわれる私小説の如きものに還ることによって、文学と生活との統一の要求を満足させようとする。単に文学と政治のみが問題であるのではない。問題は我が国においては一層一般的な、一層基礎的なところにある。即ち我が国の伝統的な文学が日常性の文学として規定され得るとすれば、政治というが如き、日常性の範疇に対し歴史性（世界歴史性）の範疇に入る生活と文学との現実的並びに表現的統一が一般に問題なのである。新しい文学意識の成立の現実的基礎となったような生活と文学との芸術的統一が伝統として一般に発達していないところへ、政治と文学という尖鋭化された形において問題が与えられた点に、我が国のプロレタリア文学にとっての特殊な困難が存在したと云える。

文学意識の成立に伴う文学と生活との分離は、一方その問題の回避によって、伝統的な純文学への意識的な或いは無意識的な固執を惹き起していると共に、他方そのような分離をそのまま承認する抽象的な文学崇拝を生ぜしめ、かかる文学崇拝をもって新しい文学意識そのものであるかの如く考える傾向を作っている。文学的自意識の過剰がこのような抽象的な文学崇拝となる。それは文学意識の成立を俟って初めて可能になったものであるが、我が国において特殊な芸術至上主義を形成している。それは元来生活と文学との分離を前提するものであるから、かかる芸術至上主義は、その生活意識において現実の社会生活から游離し、所謂純粋な生活、従ってまた伝統的な純文学と結び付いているような封建的な生活雰囲気を好むのがつねである。最も新しい文学意識に心酔しながらその生活意識において甚だ古いということが屢々見出されるのである。

ヒューマニズムの文学理念は生活と文学との統一を求める。しかしそれはかかる統一を伝統的な純文学への復帰の方向に考えるのでなく、却って文学者が生活意識そのものを新たにすることを要求する。かかる生活意識の更新、それと文学との統一に対する要求のうちに、ヒューマニズムは新しいモラルを要求するのである。

次に文学意識の成立は、そこから文学と生活との距離を生ぜしめたように、文学を一つの客観的な事象として認識することを要求している。かかる認識はジンメルの謂う生における「イデーへの転向」にほかならず、かくの如きイデーへの転向において人間のうちにロゴスが生れる。ヒューマニズムはかくの如きロゴスの生成において人間の人間としての生成を見る。文学意識の成立によって可能にされた文学尊重が、イデーへの、客観性への転向の意味を含まない場合、主観的な、抽象的な文学崇拝に留まらねばならぬ。イデー的なもの、客観的なものへの転向は文学における思想性の前提である。従って文学意識の成立は、その根本において、文学に思想の問題を課しているのである。然るに、我が国ではかくの如き客観性への転向は、古来固有な意味における科学の発達が存在しなかったために、特別に困難にされている。文学における思想の問題を抽象的な問題としてしか受取れないということは、科学の伝統の欠乏と関聯している。もとより伝統的な日本文学にも思想はある。しかしその思想性と新しい文学に要求される思想性との間には、我が国の古来の学問と今日我々が科学と呼ぶものとの間におけると同様の差異がある。文学意識の成立に伴って文学にかくの如き新しい思想性が要求されている場合、その問題の解決が容易でないところから、問題そのものがここでもまた文学の純粋性の名において回避される。思想的な文学は純粋でないように云われる。しかし実を云えば、伝統的な純文学にも思想がないのではなかった。学問概念の意味が今日では我が国においても変って来たように、文学の思想性の意味も変って来ただけであって、かかる思想性がヒューマニズムへの展開にとって決定的に重要である。文学と生活の統一ということも思想なしには解決され得ぬ問題である。最近、若い文学者の教養の不足が云われているが、教養の不足と云うならば、最も不足しているのは科学的教養である。科学的教養が不足している限り、文学の思想性も生じ得ないと云い得るであろう。

文学の思想性はこの頃の非合理主義、新しい虚無主義によって回避される傾向を生じている。もとより非合理主義もそれ自身ひとつの思想である。然るに、ちょうど過剰な文学意識が我が国においては却って古い生活意識と結び付き得るように、非合理主義も、固有な意味における科学、合理追求の伝統の存しない我が国においては「思想」とならず、却って伝統的な東洋的虚無主義に支えられて、安易なものに落付く傾向がある。合理追求の伝統内面的な激しさを有せず、外面におけるジェスチュアに留りがちである。虚無主義はが発達していないところへ、社会的不安によって非合理主義が生じたということは、非合理主義そのものにとって不幸であった。しかも現在純粋に封建的な生活が存在し得ないように、人々はもはや東洋的虚無主義にも安住し得ない。そこに現在の虚無主義の複雑な面貌がある。

このようにして、現在の日本文学は甚だ混沌とした現象であるに拘らず、結局広い意味でのヒューマニズムへの展開として把握するのほかない。基本的な問題がつねに見逃されないことが大切である。今日作家の無性格といわれるのは基本的な問題に固執することを怠ったところから生じている。然るに、もし自然主義が単に封建的なものでなく、我々の民族の一層持続的な生活感情と思想であるとすれば、それとヒューマニズムとは如何に関係するであろうか。如何にして東洋的自然主義の中へヒューマニズムを敲《たた》き込み、そのうちにヒューマニズムを生かすことが可能であろうか。この問題は現代日本文学がヒューマニズムの誕生と共に絶えず直面している問題である。この問題と自覚的に取組み、東洋的「自然」と激しく格闘することが我々の問題でなければならぬ。この問題の自覚は、伝統的な自然主義への無意識的な妥協がつねにあまりに多く存在する事実に鑑みて、特に重要である。「神は死んだ」、とニーチェは西欧において叫んだ。我々は東洋において同様に「自然は亡びた」と叫ぶべきであろうか。その捉える問題の大いさが作家の大いさを決定するということは、今日においてこそ云われねばならぬことである。

（一九三六年八月）

文芸時評

文壇の圏外にあって文壇を見ている者にとっても、支那事変が始まってから今日に至るまでの間に文壇の現象には既にかなりの変化があるように思われる。それは文壇人のみでなく、あらゆる文化人の注目すべきことであり、自己反省を要することである。

支那事変が始まると共に現われたのは戦争文学論であった。多くの従軍文士が出来、また戦地からも作品が送られて来た。直接に戦争に関係しないにしても、或いは満洲移民の文学が作られたり、農村文学が唱えられたり、傷病兵文学の如きものさえ考えられた。それは現在の戦争が総力戦であるという建前からいって当然のことであった。それらは凡て広い意味での戦争文学である。或いはそれらはいわゆる国策文学であり、そして実際に国策文学として文壇の問題になったのである。

かようにして一時盛んであった戦争文学論或いは国策文学論は一つの重要な問題を含んでいた。即ち国策文学は一定のイデオロギー的前提のもとに立つのであり、かようなものとして国策文学といわれることができる。従って問題の中心はイデオロギーと文学との関係であった筈である。この問題をあのマルクス主義文学論の後新たに提出したという点に於て国策文学論は文学論上重要な意味を有した。

しかるに事実としては、問題はそのような方向には展開されなかった。問題の中心はイデオロギー或いは思想と文学との関係であったが、先ずそのようなイデオロギー乃至思想が如何なるものであるかは根本的に追求されなかったのである。政治において国策といわれるものの思想的根柢が曖昧であったように、いわゆる国策文学の基礎をなす思想も曖昧なものであった。この思想が何であり、或いは何であるべきかを思想的に乃至文学的に追求するという努力は作家によっても批評家によっても真剣になされたとは云い難い。そこに寧ろ国策文学論の論点回避が見られるのである。

国策文学論の中心は思想と文学との関係であり、従ってまたそれは政治と文学との関係であるべきであった。なぜなら、この場合思想というのは政治的な思想である筈であるから。国策文学論は以前マルクス主義文学において盛んに論ぜられた政治と文学という重要な問題を新たに提出していた筈である。しかし事実としては、それはこの方向には展開されなかった。ここにも論点回避が見られるのである。

国策文学論に現われたかような論点回避は、その論点がマルクス主義文学論時代に論じふるされていた故に生じたのであろうか。それはたとい論じふるされていたにしても論じ尽されていないものであり、その重要性において今日決して減じていない問題である。或いはそのことは現在の政治的状況が論議の自由を許さないために生じたことであろうか、そして今日の政治的状況はインテリゲンチャが自己に不誠実であることを余儀なくしているのであろうか。

いずれにしてもいわゆる国策文学論において少くとも曖昧にしておかれた論点が、最近に至っていわば積極的に回避されるという現象が生じている。それが如何なるものであるかを我々は見究めなければならぬ。

この頃文壇ではまた素材と形式の問題が論じられている。それは国策文学論の中心である筈の思想と文学或いは政治と文学の問題の論点回避から、論点転換によって生じた問題であると云える。

種々の国策文学は従来の文学に対して新しい題材を取り上げた。そこには文学における素材の拡張があった。国策文学、殊に戦争文学は、その素材に対する興味から読者を惹き寄せた。しかし素材だけでは文学にならない。素材はそれにふさわしい形式をもたねばならぬ。しかるに国策文学の多くは、その素材が新しいものであるだけ、従来の作家にとってそれにはまった新しい形式を発見することが困難であった。芸術的にすぐれた作品は殆ど現われなかった。そこで素材の新しさに対する興味が薄くなったとき、それらの作品に対する不満が感じられ、新たに形式の問題が生じた。芸術至上主義でさえもが唱えられるようになった。かくして国策文学論が今日の素材と形式の問題に転換されたと理解することができる。

素材と形式の問題は芸術論のイロハである。そしてこのように何等かの問題が論じられてゆくうちに突然イロハの問題に帰ってくるということは、我が国の文壇や論壇においてしばしば見られる現象である。我々はそこに伝統の欠乏とこれに関聯した基礎的な教養の不足とを感じる。我が国の作家や批評家はとかく基礎的な知識を軽蔑したがる傾向があるにも拘らず、その教養の必要があるのである。基礎的な問題について啓蒙的に論じた芸術論の好い書物が我が国には欠けており、その出現が望ましいと思う。

マルクス主義文学の流行した際に素材と形式の問題が頻りに論じられた。しかしその場合この問題は思想と文学或いは政治と文学の問題との関聯に於て取扱われた。しかるに今日素材と形式の問題は国策文学論から必然に発展すべきであった思想と文学或いは政治と文学の問題から分離されているようである。そこに論点回避による論点転換がある。

形式と素材或いは内容の問題に関聯して考えねばならぬことは、文学における思想とは何か、それは内容に属するのか形式に属するのかということである。思想はたしかに内容に属している。しかし単にかく考えることから種々の誤謬が生じている。思想はむしろ形式に属している。思想は素材に形式を与えるものであることが理解されねばならぬ。国策文学が素材主義の弊に陥って芸術として成功しなかったことも、見方に依れば、それがいわゆる国策の基礎の思想について深く追求することなく、寧ろそれを無批判に、常識的に、曖昧に考えるに過ぎなかったためであるといえる。この思想をいわゆる国策に対して批判的にならねばならぬようなことがあっても恐れないまでに深く追求するのでなければ、思想が文学的に生きて来ることはできぬ。今日の文学において思想はどこまでも重要な問題であると思う。思想がなければ新しい素材を取扱って新しい形式の文学は生れないのである。

思想が形式であるという意味は思想とは何よりも先ず方法であるということである。方法は作家の身についたものであり、それに拠って作品が作られてゆくものである。即ち方法は作家にとって外にあるものではない。しかるにこれまで思想は単に素材或いは内容の如く考えられ、作家にとって外から与えられたもののように考えられた。この間違った考え方が清算され、思想が形式であり方法であるという意味を理解することが、文学における思想探求の端緒である。

作家にとって方法は技術を意味している。技術は、物質的生産の技術の場合に明かであるように、知識を予想する。新しい技術は新しい知識を基礎として生れる。尤も技術は科学と直接に同じでなく、むしろ技術は知識と意欲との綜合である。新しい意欲がなければ新しい技術は生れない。しかし意欲だけあっても、それに相応する知識がなければ新しい技術は生れない。かくの如く、作家にとっても思想は何よりも先ず新しい技術即ち創作方法を獲得するために必要である。

ただ習慣的に、ルーティーヌに従って習得された技術のみが方法と考えられていては、今日思想というものは作家にとって外的なものに止まらざるを得ない。今日の作家にとっては習慣的に学ばるべきものに過ぎぬ技術も、その根源に溯れば、一定の思想に基いて作られたものである。思想を方法に、技術に転化することが作家にとって問題である。方法を離れて思想があるのではない。

しかるに思想を単に素材或いは内容の如く考える者は、思想をもって外に与えられたもの、単に社会的なものの如く考える。思想は主体化される事なく、社会的に規格化される。思想の社会的規格化はマルクス主義時代から我が国に流行していることであって、今日の全体主義や日本主義などもその弊害を有している。このような状態が継続する限り作家の思想嫌悪が生ずるのも無理はないであろう。

真の思想家は単に社会の為に思想を作るのでなく、自分自身の為に思想を求めるのである。自分の生きてゆく拠り所を求めるために思想を探求するのである。社会と自分とは別のものでありながら、しかしまた自分と社会とは一つのものである。そこに思想の場所がある。

しかるに自分と社会とが一つのものであるという信念の喪失、それが現代インテリゲンチャの信念喪失の主なる内容である。そこから一方時代に対する無節操な追随即ち無思想が生ずると共に、他方あらゆる思想に対する不信乃至懐疑が生じている。つまり思想がその場所をもたないのであり、これでは思想も文学も発展のしようがないのである。時代に対する追随も、思想に対する懐疑も、作家が思想をそのあるべき場所において探求しないということから生じている。それは内容としてよりも方法として、社会的に与えられたものとしてでなく、自分が社会と一つであるという信念において探求さるべきものである。

文学における思想の問題はつねに創作方法の問題と結び付いている。自然主義文学の場合がそうであったし、またマルクス主義文学の場合においても唯物弁証法的創作方法とか社会主義的リアリズムとかといって盛んに論じられたことは、人々の記憶に新たなところである。新日本主義も「コギト」一派においては、初め浪漫主義として主張されたのである。

しかるに国策文学論以来の文学は、思想についての追求が足りなくなったと共に、創作方法についての探求も足りなくなっている。国策文学論は如何なる方法論を提起したのであろうか。何もない。また実践的にもその作品は新しい創作方法を示したとは云えない。かようにして従来の国策文学論はそれが政治的にどれほど貢献したかが問題であるのみでなく、文学的にも寄与するものが殆どなかったのである。

尤も思い出したようにリアリズムについて論じられた。また思い出したように浪漫主義が問題にされた。しかしそれは変化を求めるジャーナリズムの刺戟によるのであって、作家や批評家の内的な要求に基いて取り上げられた方法論的探求であると思えない。

かようにして今日の文学において感ぜられるのは探求心の衰弱である。文学書がよく売れると云われる――その売行も最近では減退の傾向にあるという――にも拘らず、文学が盛んであるとは云われない理由がある。むしろ探求心の衰弱のために文学は次第に低下しつつある。肝腎の探求心が衰弱してゆくのでは、この低下の傾向は防ぎようもないのである。露伴や鏡花、武者小路や里見等の作家が俄に光り出して来たのも当然であろう。作品の質が低下するのでは文学は真に国家の為めに仕えることもできないのである。

いわゆる国策文学以来、書物の売行きが好いという事情も伴って、作家たちの多くは安易な道を歩み始めたのではなかろうか。支那事変は彼等にとって一種の救済であった。探求の必要はもはやなくなり、常識的にやって行くことで足りるように考えられ何よりも思想に対する探求心の衰弱が現われた。思想がないと云っていた時代はまだ好かった、そこにはなお探求心があったからである。しかるに今日ではその探求心も衰弱してきたのである。

しかし反対に支那事変は文学者にとっても新しい思想上並に方法論上の問題を課したのではなかろうか。それは探求の終末でなく却って出発点でなければならない筈である。例えば、文学の永久の問題であるといっても好いヒューマニズムの問題はこの事変に関して如何に解決されるのであろうか。事変は大衆を動員したが、大衆とヒューマニズムとの関係は如何なるものであろうか。ヒューマニズムはインテリゲンチャの偏執に過ぎず、大衆とは無関係であるかの如くいう今日の一派の議論に果して我々は承服し得るであろうか。真面目な文学者の探求すべき問題は無数にあるのである。

探求心の衰弱は我々に今日の作家の倫理について考えさせる。探求心は作家の倫理の問題である。今日の作家の倫理はいったい何処にあるのであろうか。曖昧と云わざるを得ないのである。

思想の問題は単に客観的な社会的な思想の問題ではない。それはまた特に主体的な倫理の問題である。しかるに事変がもたらした心理的な一種の救済によって思想の問題について安易な常識的な道を歩み始めた人々は、倫理の問題についても安易な常識的な道を歩もうとしているように見える。我々はむしろ率直に倫理の喪失というであろう。

マルクス主義文学以後の文学において最も多く問題にされたのは倫理の問題であった。倫理の問題は確かにマルクス主義の一つの欠陥であったであろう。しかし最近の文学においては果して真に倫理の探求がなされているであろうか。国策文学論以後の文学はむしろ一種の風俗文学に過ぎなくなり、一種の通俗小説への傾向をとっている。この風俗文学に欠けているのは知性であり、この通俗小説に失われているのは倫理の探求である。倫理の探求のない場合文学は通俗文学になり、知性のない風俗小説は通俗小説にほかならない。

しかるに今や倫理の問題は単に作家にとってのみでなく一般にインテリゲンチャにとっ

て次第に重大な問題になりつつある。それは今後いよいよ深刻性を増してゆくであろう。ひとは再びあの不安の文学の時代に帰るのであろうか。そのような傾向は既に微かに現われ始めたように感じられる。それとも何か新しい倫理が与えられているのであろうか。いずれにしても国策文学論以来の安易なオプティミズムは次第に現実性の乏しいものになってゆかねばならぬように思われる。主体の新たな確立がますます差迫った問題に成って来つつあるのである。常識的なモラルではやってゆけない時がいよいよ近づきつつあるのである。

ことわるまでもないことであるが、私はここで単に個人的な倫理のことをのみ考えているのではない。国民的倫理についても同じである。国民的倫理に於ても何か新しいものが確立されたかどうか。個人的な倫理から離れて国民的倫理の主体的な追求があり得るであろうか。

かようにして今日の文壇を見て我々の感じることは、すべて根本的な問題に対する関心と追求との欠乏である。この欠陥を補おうとするのか、ひとは思い出したように永遠の問題について語り始める。その際歴史性は無視されてしまう。その問題が取上げられるのに深い根拠があるわけでなく、いわば埋草に過ぎないのである。文学は実体を失って現象化するか、ただルーティーヌに従っているというのが一般的な傾向ではなかろうか。

転換期とか、革新とか、新文化の創造とか、それらは政治家の空疎な言葉であって、文学者には何の関わりもないことなのであろうか。それらの言葉を語る者の真実性が疑われるというような状態であって好いのであろうか。

（一九三九年八月）

初出一覧

Ⅰ　批評論

批評と論戦　『文藝春秋』一九三〇年八月
ジャーナリストとエンサイクロペディスト　『読売新聞』一九三一年五月二、三、五日
評論と機智について　『大阪朝日新聞』一九三二年四月一九―二一日
　＊掲載時の見出しは「「評論と機智」について」
批評の生理と病理　『改造』一九三二年一二月
　＊のち三木清『危機に於ける人間の立場』（鉄塔書院、一九三三年）、および、同『哲学ノート』（河出書房、一九四一年）に収録
時代批評の貧困　『文藝春秋』一九三四年七月　＊附録「文藝通信」
美術批評について　『都新聞』一九三三年七月九日　＊「美術時評」
通俗性について　『大阪朝日新聞』一九三七年三月二三―二五日
　＊統一の題目は「評論や文学をもっと分りやすく出来ないか？」、各回の見出しは「文章と思考」「著者と読者」「通俗の秘密」
古典における歴史と批評　『文学』一九三七年四月
　＊のち三木清『続哲学ノート』（河出書房、一九四二年）に収録

Ⅱ　文学論

批評と創造　『新愛知』一九三八年八月二二日夕刊　＊「窓外」欄

歴史的自省への要求　『文学』一九三三年四月
性格とタイプ　『作品』一九三三年一一月
レトリックの精神　『行動』一九三四年一月
＊のち三木清『人間学的文学論』（改造社、一九三四年）、および、同『哲学ノート』（前掲）に収録
文章の朗読　『大阪毎日新聞』一九三四年五月一一日
＊のち『現代随筆全集』第一一巻（金星堂、一九三五年）に収録
作品の倫理性　『大阪朝日新聞』一九三五年一二月一二―一四日
哲学と文芸　『世界文藝大辞典』中央公論社、一九三五年一二月　＊月報「世界文藝」
芸術の思想性について　『中央公論』一九三六年一月
純粋性を揚棄せよ　『読売新聞』一九三六年六月一七―一九日
文学と技術　『文学』一九三八年一月

Ⅲ　状況論

文学の真について　『改造』一九三二年七月　＊「文藝時評」欄
ネオヒューマニズムの問題と文学　『文藝』一九三三年一〇月
＊のち三木清『人間学的文学論』（前掲）、および、同『続哲学ノート』（前掲）に収録
古典復興の反省　『都新聞』一九三四年三月七―一〇日
シェストフ的不安について　『改造』一九三四年九月
＊三木清『学問と人生』（中央公論社、一九四二年）に収録
浪漫主義の擡頭　『都新聞』一九三四年一一月八―一一日

創作と作家の体験『大阪朝日新聞』一九三五年五月三、四、七日
文学者の不遇『読売新聞』一九三六年五月五日夕刊
＊「一日一題」欄　のち三木清『時代と道徳』（作品社、一九三六年）に収録
ヒューマニズムへの展開『文藝』一九三六年八月
文芸時評『中外商業新報』一九三九年八月一―五日

文章のスタイルをめぐって

解説　大澤　聡

1

月曜日は憂鬱だ。

休み明けだからではない。はなから休日など存在しない。そうではなくて、『読売新聞』夕刊の題字すぐ下に載せる「一日一題」のリミットが刻々とせまってくるからである。

一九三五年三月一九日から四〇年九月二五日までのじつに五年半のあいだ、三木清は休むことなくこの欄の火曜日分を担当していた。社会の雑多なニュースを、ときには哲学的な解釈もまじえながら独自の視点でコンパクトに分析していく。あたらしい〝社会の見方〟を読者にインストールする、いわば啓蒙の実験場となっていた。その意味では、やりがいを感じる仕事ではあった。ただ、締切が週一でまわってくる。月曜のあいだに、遅くとも新聞社の人間をぎりぎりまで待たせて火曜の朝のうちには、二枚半から三枚程度に仕上げて手渡さないといけない。これがきつい。

一九三六年一月一三日――。数年来懸案となっている未完の大著『哲学的人間学』は、この日ちょうど第二章を書きあげたところだった。このいきおいで、全精力を傾注して第三章もがりがり進めたい。が、月曜日なのだった。いったん脇において、「一日一題」に取りかからないと間にあわない。さんざ手こずったあげく、「暗示の影響」という見出しをつけて、どうにかこうにか社の遣いに渡す。夜、日記帳にはこう書きつけた。「あまり出来が好くないやうだ。これから夕刊の文章は日曜に書いておくことにして、もつと推敲したいと思ふ」。翌日の新聞に掲載されたそれを読むと、たしかに「出来が好」いとはいえない。不安が増幅した社会では権力による暗示が世間全般に蔓延し、明晰な理論が機能しにくくなる、といったごく常識的なワンポイント解説が披露されるにとどまる。もし「推敲」の余裕があったなら(それに、こじらせた風邪がとうに治っていたなら)、ひとひねり加えられたはずだ……。三木は不満だった。それで、みずからを戒めるように日曜の着手を心にきめる。だけど、けっきょく、その後も日曜日に書きあがるなんてことはほとんどなくて、それどころか月曜はつい徹夜へと突入しがちなのだった。ときには、飲んで帰ってひと眠りしたあと、早朝に追われるように机にむかう。

当時、三木はフリーランスの批評家だった。日本共産党に資金提供した嫌疑で逮捕拘留されたことにともない、法政大学教授の職は一九三〇年に辞していた。生活のためとはいえ、自身の哲学の体系化をもくろむ彼にとって、こうした日々のこまごまとした原稿は相応のストレスとなった。誰に見せるでもなく、しょっちゅう日記に「むいていない」とこぼす。どれだけ多忙をきわめていようと締切は次から次へと押しよせる。だいたい、時間的な問題だけではなくて時局的な制限もあってなかなか思うように書けないものだから、「いつそやめてしまはうかと、時々考へ」（一九三八年三月七日日記）もするのだけれど、書かなければ生活が苦しくなることもまたよくわかっていた。「一日一題」の原稿料は「一ケ月百円」だった（一九三五年三月一五日日記）。いや、それでも……。「同じ百円でも、これを小銭にくずして使っていては何一つまとまった物を買わないで浪費してしまうことになる。自分の才能を浪費しないようにすることが大切である」（「長篇評論中心に」『都新聞』一九三九年一月六日）。

皮肉なもので、「むいていない」という自己認識なり苦労なりとはうらはらに、この連載は玄人《くろうと》筋にもたいそう読まれたらしい。ほかの曜日分も社会学だったり歴史学だったり経済学だったり政治学だったりと、担当者たちの専門分野の知見が活かされてはいたけれど、火曜の文章はだんぜんきわだった。世間や時局の問題に対する三木の反応が論壇・文壇の内外でつねに目配りされていた。連載開始から三六年一一月二四日分までの計八四本をそのまままとめて、一二月に単行本化されるや好評を博す（作品社刊）。『時代と道徳』と題されたその本の後記はこう締めくくられている。「これまで屢々書信を寄せて筆者を励ましてくれた既知及び未知の熱心な読者に心から挨拶する」。

あの小林秀雄もじつは既知の「熱心な読者」の一人だった。

ある座談会のなかで、同席する三木を前にこう発言している（「現代文学の日本的動向」『文學界』一九三七年二月号）。「三木さんの読売に書いてらっしゃる欄ね、あれが僕はおもしろくてしょっちゅう読んでるんだ」。小林は折にふれて同欄に言及した。三ヵ月前の座談会「現代青年論」（『文學界』一九三六年一一月号）でも、やっぱり三木を前にこういうのだ。「きょうもあなたが読売新聞に書いてらしたですね、ああいうことは、僕はそうだと思うんですよ」。座談会収録の前日に執筆した「青年日本」（「一日一題」一〇月六日分）は、青年期の特徴である理論や思想など「抽象的なもの」への情熱が現実主義の専横によって潰えてしまうのではないか、そう訴える内容だった。討論に備えた個人的な覚書きでもあったそれを、小林はどこか私信のようにして新聞紙上で受けとる。もちろん勝手に。一九三九年二月には、三六年一二月一日分から三八年一一月二九日分までを収録した『現代の記録』（作品社）が続編として刊行されるのだけど、その「序」のなかで、この欄は「知人に対する書簡の代りともなった」と三木は記している。

さて、小林は『文學界』の「ブックレヴュー」欄に『時代と道徳』の書評を寄せてこう強調した（一九三七年四月号）。「この本の特色なり興味なりは寧ろ時事的材料の取扱い方にある」、と。ちょっと玄人的な読みだ。逐一の内容ではなく、全体的な形式へと評価の目をむける。そのつどの出来事を理論適用の材料として見ることなく、出来事そのもののなかから哲学的問題を析出する、その「鮮やかな手際」と、哲学の領分から外に踏み出す「勇気と熱意」とを小林は高く評価している。いわく、この国の哲学者は二つのタイプに区分することができる、と。ひとつは、「文学的スタイルを嫌厭してひたすら純粋な思索の道を辿」るタイプ。こちらは社会的な影響力をもちえない。もうひとつは、「純粋に思索する努力が重荷になって文学的スタイルと妥協」するタイプ。こちらはディレッタントにおちいりがちだ。いずれにもはまることなく、哲学と「文学的スタイル」との——ようするに、アカデミズムとジャーナリズムとの——絶妙な距離を再設定しつつあるところに三木清の「新しさ」がある。そう小林は指摘する。彼は一般的な「哲学者」の枠におさまらない。あたらしい批評の「スタイル」が誕生しかけていた。

2

「三木さん」「あなた」——ところで、小林秀雄は三木清のことをそう呼んだらしい。さきの座談会発言にもあるとおりだ。対する三木はといえば、「小林くん」「きみ」。

一九三〇年代後半、ふたりはいくつかの座談会で同席している。非公式の場でも顔をあわせた。雑誌に載った座談会記事を通覧してみると、呼称はきっちり固定しているから、編集加工上のものではなくて実際にそうだったんだろう。三木の生まれは一八九七年一月。小林は一九〇二年四月。どうやら、五歳の年齢差がおたがいの呼び方に反映されている。

「べらんめえ調が特徴の小林だけど、三木の発言を承けたあとは「……でしょう」「……ですかね」と、どこか丁寧な表現をおりまぜた応答になる確率がぐんとあがる。毎度ではない。ベースは例によってぶっきらぼうな断言調だ。たとえばこんなぐあいに——。

小林　僕が、あなたの書いたものを最近読んだのは、「中央公論」の『学問論』だけれども、変らないね。

三木　君、このごろは『ドストエーフスキイ』はやらない？

小林　やる、この夏。

三木　あれは面白かったね。『ドストエーフスキイの生活』というのは。君の書いたものの中で傑作だと思うね。

小林　しかし、やっぱりむつかしいな。僕は、続きも殆どもう書いて了ってあるのですよ。だが段々考えが変って来るでしょう。僕みたいなものは殊にそうだけれど、そうすると、段々昔書いたものが駄目になって来たりなんかして巧く書けないのだよ。

それでも、「……あるのですよ」「……来るでしょう」といったあたりは、座談会でほかの出席者たちにむけられる調子とはちょっとニュアンスが異なっている。このやりとりは、唯一ふたりでおこなった対談の冒頭付近の一節である。「実験的精神」と題したその対談記事は『文藝』一九四一年八月号に掲載された（全集版は後年の小林本人によって表現が微妙に改変されてしまうから、引用は雑誌掲載版を優先する）。

小林はパスカルの話から切り出している。最近読みなおしたところなのだという――対談直前、『文學界』七月号と八月号の巻頭に二回にわけて「パスカルの「パンセ」について」を発表してもいた。モンテーニュはだんだんつまらなくなっていくけれど、パスカルはちがう。おもしろくなってくる。いうまでもなく、初期三木清の研究課題がパスカルだった。ドイツ留学から帰国してすぐさま発表した『パスカルに於ける人間の研究』（岩波書店、一九二六年六月）が哲学界の話題をさらう。当時、小林もすぐ手にとった。愛読もしたという。

パスカルの感想はこうつづく。「パスカルというのは面白いや。ものを考える原始人みたいなところがある。何かに率直に驚いて、すぐそこから真っすぐに考えはじめるというようなところがあるよ。いろいろなことを気にしないで……。だけど、三木さんの文章はちっとも変らないね」。三木は「そうかね」とだけ答えた。

「何かに率直に驚いて」そこから思考をいっきに駆動させるスタイルは小林にちかい。が、その軌跡は「真っすぐ」というにはほどとおいのもまた小林の特徴だ。懐疑に懐疑をかさね、自身の底深い内面の周辺をぐるぐるぐるぐる経めぐっては読者に転移を引き起こさせ、自意識の淵へと追いこむ。そんなだから、時間が経てば、小林自身の考えさえも「変って来る」。他方、三木はもうすこし慎重に思考を起ちあげる。しかし、というよりもそれゆえに、仕上がったテキストは「真っすぐに」ゆらぐことなく進んでいく。明快このうえない論理を読者に提供することこそが三木の最大の売りだった。それを「変らない」と形容するのは肯定か否定か。この部分だけでは判別はむずかしい（おそらく皮肉なんだろう）。いずれにせよ、小林は「三木さんの文章」こそを問題にしている。

三木はただちに対話のコアを要約して、「一番欠乏しているのは実験的精神だと思う」「見ているところから、ものを考えるということが実験的精神というものじゃないかね」（傍点原文）と提案している。小林も完全に同意。そのままタイトルに採用された。ここでいう「実験的」は、小林のいった「原始人（的）」にかさなる。だからこそ、「人間の本質はものを造るにある」というかねてからの持論を再確認する三木に対して、小林はこう応じるのだ。

小林　そういうふうなことは三木さんのこのごろの思想の中心だね。あなたの言う技術とか、構想力とか、このごろの三木さんのそういうものはよくわかるよ。非常によくわかるんだ。あなたに貰った本もみな読んだし、――そこで僕は非常に大きな疑問があるのだよ。それはこういうところで喋って喋れるかどうかわからないが、あなたは、あすこまで考えて来たわけでしょう。そうしてあんな文章を書い［て］いてはいけないのだよ。そういうことだ、非常に簡単にいうと。非常に乱暴な言い方をしているらしいが、わかってくれるでしょう。

三木　うン。

小林　論証するには論理でよいが、実証するには文章が要る。

さらっと「あなたに貰った本もみな読んだ」というくだりには三木へのつよい敬意があらわれてもいるのだけれど、これはおいておこう――それにしても、対談の翌月に同席した座談会で三木は「僕は小林君の書くものをよく読んでいるわけでもないが、問題はわかるように思います」と発言するのだから浮かばれない（座談会「現代の思想に就いて」『文藝春秋』一九四一年九月号）。

思考の揺動をつみかさねながら進んだ先にたどり着いた地平を伝える（＝「実証する」）には、他人にも理解可能な文章に仕立てあげる以外にない。しかしそれでは、思考がたどってきたジグザグした「実験的」なプロセスはあらかたリセットされてしまう。それどころか、自身の「原始人」のような驚きも文章化されるそばから消えていく。「考えて来た」ことと、その結果としての「文章」との落差。すっかり整頓されてしまったあとのアウトプットを手にした読者は、「さか様に読んでいる様なもの」だ。ここに「文章」のジレンマがある。この手の転倒をはらむことなく他者に思考を伝えるにはどうすればよいのか。

三木が話題に出した長期連載「ドストエフスキイの生活」が単行本化されたとき（創元社、一九三九年五月）、小林は『文學界』の編集後記にこんなことを書いている（一九三九年七月号）。「この次には「ドストエフスキイの文学」という本を書こうと思っているが、いつになるか、わからない。どういうものになるかもわからない。わからないから書くのだ。それが書くという奇妙な仕事の極意である」、と。「書く」ことがそのまま「考え」ることになるスタイル。対談は次のように締めくくられる。

小林　哲学者というのは文章軽蔑派なのだ。ヘーゲルなんかは……

三木　スタイルで考えている。スタイルを抜きにして考えられない、ヘーゲルの哲学というものは……。

小林　なんて巧いんだろうという様な文章があるね。三木さんなんていろいろな形式で書いてくれるといいと思うな。

三木　うン。これから大いにやりたい。

小林は三木の文章の「スタイル」や「形式」のさらなる「実験」を熱望する。毎回それは批判と期待とが相なかばした物言いで、どこかしつこいくらいなのだ。

3

対談から時間を一年もどして、一九三〇年——。

文壇デビュー直後の小林は四月から一年間、『文藝春秋』の「文芸時評」欄を担当していた。この連載をとおして、文芸批評家としての地歩をいっきに固めていく。時評が新進批評家の通過儀礼として機能しはじめるのはまさにこのころのこと。最初の五回分はすべて「アシルと亀の子」と題された。じつは、ときを同じくして、三木も『読売新聞』ではじめて「文芸時評」を担当している。以降、文壇的な固有名としても登録された。五日間の分載のうち、三月二六日掲載の第二回で次のように書いている。

文藝春秋で時評をやっている小林秀雄氏は新人であるけれども新人らしいところが少な過ぎる感がある。我々若い者はもっと正面から、真直に物を見なければならぬ。〔……〕文章も明朗性を欠いている。その懐疑的な行き方もむしろきざである。フランス的懐疑をまねているらしくも見えるが、それならもっと透明なものでなければならぬ。それはあまりに定型的な小林評ではあるけれど、そうとう頭にきたらしく、三木清の論考「新興美学に対する懐疑」(『文藝春秋』四月号)を、小林は第二回におおきく取りあげ、猛烈に批判した。デビュー直後の鼻息の荒さと自意識のつよさがそうさせたのかもしれない。覇権争いの戦略的な意図もたぶんにあっただろう。「三木氏の論文は、「パスカルに於ける人間の研究」以来読んでいるのであるが、こんどのものが最もナマッている」としょっぱなから飛ばしている。

スペースの四分の三という法外な紙幅を費やして展開された三木批判の内容はいたってシンプルだ。三木は社会分析的なアプローチを導入することによって印象批評からの脱却を説くが、「批評家が頭から信用出来るものは眼前の作品だけ」なのだから、個人の鑑賞なり自己批評なりを捨てるわけにはいかない、という。批評家の自己否定になる、と。「学者というものは暢気なものである。物指で何かを計ればその何かは何んでも物指の結果になる事は必定である」。プロレタリア文学的批評や講壇的批評への小林の軽蔑はすべてこのロジックでできている。

こう進めておいて、例の有名なフレーズをもってくるのだ——「批評するとは自己を語る事である、他人の作品をダシに使って自己を語る事である」。それが「自己」ではなく「社会」に批評の基盤をおく三木との論争の過程で飛び出したことはいまではすっかり忘れられている。周辺には、「小器用」「衛生無害な屁理窟」「学者的横柄」「学者根性」といったワードが配置された。そこからもわかるとおり、安全圏にとどまる「学者」的態度への嫌悪を小林は前面に出す。それは一貫している。

たとえば、一九三九年一月に発表したエッセイ「学者と官僚」(『文藝春秋』)。学者を当代の腐敗しきった官僚組織とならべることで、両者に共通する「独善」を非難する。独善に走るのは「健康な読者」「健康な見物」がいないからだ。それにひきかえ、「文学者は文学の蔭に自分をかくす事が出来ない」。作品の背後に作者の残像を執拗に追い求める読者たちがそれを不可能にさせる。けれど、「学者達は学説の裏に身をかく」してしまえる。科学や客観という大義名分のもとに。学者の自己はどこまでも表出されない。そこに小林は不信感をいだく。

このエッセイに「三木清」は出てこない。かわりにある二つの事例が強調されていて、いくらか三木の存在が念頭にあったことをうかがわせる。事例のひとつは「東亜協同体」論。当時、三木は昭和研究会――近衛文麿の私的諮問機関というふれこみだった――の文化問題研究会のリーダーとして、「東亜協同体」論の思想原理を練りあげ、ジャーナリズムでも続々と関連論文を発表していた。ブームと化した「東亜協同体」論議の中心にいた。小林はさまざまな学者的知識人の手からくり出される「東亜協同体」論に「歴史の合理化、つまり話の辻褄を合わせる仕事」を見てとる。アジアという他者（＝読者）が不在じゃないかというわけだろう。

もうひとつの事例は西田幾多郎。もちろん、三木の生涯にわたる師だ（詳細は『三木清大学論集』解説）。西田が本物の思想家であることを小林は疑わない。けれど、「他人というものの抵抗を全く感じ得ない」のだという。ここでも読者の不在を問題にしている。「自分の誠実というものだけに頼って自問自答せざるを得なかった」がゆえに、とても日本語とは思えぬ「奇怪なシステム」をつくりあげてしまった。西田は「病的な孤独」におちいっている。

「読者」（＝他者／市場）の問題を「スタイル」（＝自己／批評）の問題と連動的に捉える小林は、メディアやジャーナリズムのはたす媒介的な機能を強烈に意識していた。この時代に誕生した大衆社会にあって、他者＝大衆との応答関係を欠落させた批評の自律性は小林にとって欺瞞にほかならない。さきに引用した座談会での発言「あれが僕はおもしろくてしょっちゅう読んでるんだ」、あの直後、じつはこうつづく。

「［「一日一題」を］読んでるけれども、あのスタイルは何だ。あれは新聞の読者にはわからないよ。着想は非常に警抜なところがあって、実にいいことをいってる［。］だけど今の政治家は夢がないだとか、たとえばあの夢なんという字だって何のことだかわかりやせんぜ。（笑声）だけどそういうものが実際問題として僕等にはあるんだ。どうかして知らせたいんだけどね、第一スタイルの方からそういう欠陥が露骨に現われてる。

これに三木はひとこと応じただけだ。「それはあるね」。冒頭の対談で「ちっとも変らない」と指摘されたことに「そうかね」とだけ答えたのと同じ雰囲気がただよう。

小林は読者＝「大衆」との距離を問題にしている。大衆にリーチするには「自分をなくすこと」が要求される——同席した戸坂潤が「つまり大衆の一員になるということ」と補足している。だけど、もしそうしたなら、「スタイル」もいっしょに手放すことになる。戸坂は「同感だね」と答える。こうして、大衆社会の批評家たちはみずからに相応しいスタイルを発見できずにいた（「大衆が読んでわかるスタイル」だが、内容が「つまらん」文章の代表として、正宗白鳥が引き合いに出されている）。こうしたアポリアを考慮しないのが「学者」というわけだろう。

どうやら小林は、「健全な読者」を育成する必要をいっている。ここでも西田幾多郎をもち出す。「日本の第一流の哲学者が、五千人しか読まなくちゃこまるよ。五千人読んで何人わかってるんだろう、三百人……」。いまでいう人文書全体の市場規模を問題にしている。このあたりは完全に小林の独擅場だ。ほかの出席者は簡単に応じるにとどまる。

「それ［＝スタイル］はなくしても書けるようになる。これは時間の問題だ。俺は楽観してるんだ。三木さんだって三年経てばスタイルがよくなると思ってる。（笑声）いやそうだよ。そういうもんだよ」。ずいぶんえらそうだ。「時間」が解決するとは、自分がシーンを変えてやるということなのか。それとも、簡単に書く以外に選択の余地がなくなる時代になるということか。その真意はあきらかにされないまま座談会はおわる。「三木さんだって三年経てばスタイルがよくなる」。あとで見るように、この予言は的中する。というより、小林の手で予言は成就する。

ちょうど一年後のある晩、三木は帰宅するや次のとおり日記帳にメモした。翌朝起きてからだったかもしれない。『三木清教養論集』の解説でも触れたが、あらためてこの文脈でも引いておこう。ちがった印象をうけるはずだ。

この会［『文學界』の会合］で初めて気焔を上げる。小林秀雄曰く、お前の文章は拙いと。その理由は？　心理的要素がないからと。中島健蔵曰く、お前は心理は生活で出してしまって文章に出さないと。皆傾聴すべき言葉である。（一九三八年一月一三日日記）

三木の日記に他人の発言が出てくるのはめずらしい。それだけ放っておけない出来事だったのだろう。場所は銀座の出雲橋の小料理屋「はせ川」。文士のたまり場になっていた。この日はほかに深田久彌や島木健作、林房雄、横光利一らも会合に出席していた。中島は正式に同人となる前だった（一九三八年九月に加入）。散会後、三木は「久しぶりだから」とむりくり理由をつけては中島を新宿へと連れ出し、ふたりで飲み歩いている（中島健蔵『回想の文学③』）。例によって口角泡を飛ばしながら、あたりかまわず戦況のことやなんかを大声でしゃべりつづけた。帰るころにはもう空がうっすら明るくなりはじめていた。

文章に「心理的要素」がない。それは小林の学者批判のテンプレートにすぎない。けれど、この一件は三木の仕事におおきな変化をもたらすことになる。

4

「スタイルがよくなる」予言のあった座談会の収録日より前だったか後だったか、とにかくちょうどそのころのこと。一九三七年一月八日——。三木は日記にこう書いた。「小林秀雄から文學界の同人になつてくれるやうにと云つて来る。この話は既に去年の暮からあつたが、まだ返事をしないでゐる」。座談会収録は「去年の暮」だったのかもしれない。しばらく迷ったすえに、三木はこの誘いを正式に引き受けている。

同時代に言及されたり、後年に回想されたりもしたとおり、『文學界』は一九三三年の創刊当初から恒常的な経営難におちいっていた。それで初期は休刊と復刊をくりかえしていたのだけど、一九三六年七月に文藝春秋社の傘下に入ったことによって経営は安定へとむかう。編集責任も同人リレー方式を経たのち、一九三七年四月号からは小林秀雄と河上徹太郎のコンビに固定させ、雑誌として勝負に出る（一九四〇年三月までこの体制はつづき、それ以降は河上を中心とした流動的な編集体制となる）。編集後記を見るかぎり、それを予告する三月号から実質的にはすでに新体制へと移行していた。このタイミングで加わったのが三木清だ――同時に佐藤信衛も、翌月には青野季吉もそれぞれ参加している。狭い文壇の力学にからめ取られない文化的戦線の拠点づくりが目指されていた。佐藤が「同人雑記」欄に寄せた「同人となって」（一九三七年三月号）に「文化運動」という単語が頻出する。勧誘時の口説き文句となっていたんだろう。

加入の翌月、三木はさっそく「日本的知性について」という批評を寄せた。特集「ヒューマニズムの現代的意義」（一九三六年九月号）に応じた初登場の論考「東洋的人間の批判」以来の寄稿である――ちなみに、同稿の擱筆直後（八月六日）に入院中の妻・喜美子が亡くなった。「日本的知性について」はこう書き起こされる。

これから本誌に書くものは研究とか論文とかとしてでなく、筆者の感想として読んで戴きたいと思う。もちろん、それが単なる感想以上のものになり得たならば、筆者にとっても大きな仕合せであることは云うまでもない。

「研究とか論文とか」ではない。「感想」。スタイルなきスタイルの意識的な選択とその宣告は、ほかならぬ小林秀雄の主戦場にのりこむにあたっての三木なりの態度表明だったはずだし、おそらく、というかまちがいなく、勧誘時にも小林からかなり具体的につっこんだ提案や助言があったのだろう。それを実直に反映するあたりもまた三木らしくはある。宣言はこうつづく。

しかし私はここで何事かを断定的に主張しようとするのでなく、むしろ仮説的なことについて述べてみようとするのである。〔……〕もし私に何か一貫した積極的な主張があるとすれば、仮説的に考えることは意味のないことでなく、そしてそれは、特に我々日本人の場合、今後哲学をやってゆく上に、更に敢えて云うならば、文学をやってゆく上にも、大切なことであるという信念である。

ここでいう「仮説的」は、数年後に小林対談でのキーワードとなる「実験的」とほとんど同義だ。『文學界』での自分の目標設定をして、節を区切ることなくそのままの流れで、「日本的知性」や「東洋的な思考」といった当時の論壇的なトピックへとスムーズに論を運ぶあたり、さすがにうまい。三木にとって、『文學界』参加は「日本」や「東洋」

といった時局問題への応援とそっくり連動していた。三木にかぎらない。だからこそ、「ジャアナリズムの無統制を何んとか」しなければならないという小林の意図を正確に理解しながらも最終的に「泣いて」断わった中野重治のような者もいれば（小林秀雄「文芸時評」『読売新聞』一九三六年三月一日）、『文學界』を「強者連盟」と揶揄し、「もしはいれば、それでおしまい」という予感から固辞した高見順のような者もいたのである（中島健蔵「別れのことば」『本の手帖』一九六五年一〇月号）。青野季吉の加入の噂を耳にして「引止めに来た心配性の友だちもあった」くらいだという（「経堂短信」『文學界』一九三七年四月号）。

それ以降はまとまった寄稿をすることもなく、一年が経った。そこで、満を持して『文學界』で新連載をスタートさせる。それが「人生論ノート」だった。五月一日、三木は来客のとき以外はひたすら部屋にこもって、第一回分の執筆に集中していた。「死と伝統」と題され、一九三八年六月号に掲載されたそのテキストは、ゆったり文字組みされ、目立つようぐるりと黒枠で囲われた。このフォーマットは一九四一年一一月号に掲載された最終回「希望について」まで継続する。『文學界』としても特別扱いだったのだろう。「死」に後続するかたちで、「幸福」「懐疑」「習慣」「虚栄」……と私たちの人生の各局面を構成する数々のトピックを一回完結で自由につづる。どこを切り取っても箴言めいたフレーズが並ぶ。モチーフは〝いかに生きるべきか〟だ。あまりにベタな、そして文学青年時代にどっぷり浸ったのち一度は卒業したはずの大正教養主義のモードへと回帰する。ただし、ここでは書き手として。

それまでの三木の文章とはずいぶんちがって、〝手ぶらで考えながら書く〟ことや自己が前面に出てしまうことを別の要素で事後に覆い隠そうとはしない。四ヵ月前に小林や中島から受けた指摘があきらかにふまえられている（そもそもあれは連載に関する議論だったのかもしれない）。批評ともエッセイとも哲学論文ともジャンル規定できないがために、さしあたって「ノート」と呼ぶ以外にないこの独特のスタイル——日記ではとりあえず「随想」と表現している——はまさに「感想」宣言の実践だった。連載第一回が発表された翌月号の「雑記」で小林はさっそく反応している。

先月号に載っていた三木清氏の「死と伝統」というエッセイは面白かった。着想が大胆だからである。そしてあの短い文章のなかには、様々な質問がぎっしり這入っているからである。／僕はそういう論文が好きだ。質問を少しも含んでいない論文ほど退屈なものはないのだが、普段僕等の読まされるものの殆ど全部がそれなのだ。／手際のよい解決乃至は解説を書く事が論文を書く事になって了っている。

自分の内側にある「質問」を「質問」としてきっちり残すこと。むやみにそれを理論で「解決」してみせないこと。小林は三木の文章の変化を最大限に評価した。冒頭から

「私」を連発し、三木哲学の新境地を現在進行形で示すこの連載は、第二回以降、断続的ながらも相応のペースで発表されていき、一九四一年八月、最終回を待たずに創元社より単行本化される。対談「実験的精神」はその直前におこなわれたものだ。そこでも小林はこう発言している。「実践的でなければいかんということが、論理的に読者にわかったって仕方がないからね。僕はあなたの『人生論ノート』が面白いということを以前から言っているだろう。あれは面白い」。

　けれど、「面白い」のは当然の結果だともいえる。小林秀雄の影響下にある雑誌に、小林本人に勧誘され、おそらくは小林の提案をうけて書かれた文章なのだから。その意味では、三木はどこまでも「小器用」だ。加入を躊躇したのは、すでに複数の文化団体に所属していたし、日々の執筆が多忙をきわめていたからだろう。ジャーナリズムにおける立ち位置や時局への態度決定の問題もある。けれど、それ以上に、小林秀雄の磁場にひきずりこまれ、自身のスタイルがずたずたに変更させられてしまうことへの警戒心がどこかで働いたんじゃないだろうか。それで「返事」が遅れた。

　刊行されるや、『人生論ノート』は哲学書としては異例のベストセラーとなる。戦後も版をかさね、三木の著作のなかでももっともひろく読まれた。

5

一九二〇年代後半、論壇と文壇が急速に接近し融合を見せる。あきらかにそれまでとは異質の言論のメガアリーナがひらかれはじめていた。その全体をまるごと呑みこんだのが小林のこだわった大衆化時代のジャーナリズムやメディアだった。

とりわけ三〇年代前半には、哲学と文学をクロスオーバーさせた批評的な論題が続発している（「不安の文学」論争、「行動主義文学」論争、「知識人」論争……）。一連の論争の過程で、哲学のほか経済学や社会学など各分野から、文芸批評へと参入する書き手が現われた。一括して「局外批評家」と呼び、一九三五年前後にはその存在の是非が問われもした（大澤聡『批評メディア論』終章を参照）。三木清はその先駆だった。

「啓蒙文学論」（『改造』一九二九年一〇月号）をはじめ、当時のプロレタリア文学陣営内部の文学論争のポイントを手際よく整理したいくつかの論考をきっかけに（文脈依存度の高さとボリュームの問題から本書には収録していない）、『読売新聞』の「文芸時評」（前掲）や『改造』の「文芸時評」（一九三三年七月号）を担当するなど、文芸批評の有能な書き手としてもたちまち認知されるようになる。「文学の真について」と題された後者時評（本書所収）では、「文学の真は「主体的真実性」と「客体的現実性」との二つの方面を有し、両者の統一に於て初めて真である」といったテーゼを展開し、それが文壇内でひろく参照されたし、だからこそ文芸批評家の板垣直子がそれをルネ・ケーニヒの著作からの剽窃なんじゃないかと難癖をつけるなど（「三木氏に与う」『東京朝日新聞』一九三三年一月一五〜一七日）、なにかと話題を呼んだのだ。

三木清（をはじめ幾人かの局外批評家たち）は文芸領域と他領域の文脈を合流させる界面に位置していた。後続者によってそこにハイブリッドな想像力が継ぎ足されることもあったし、そのインパクトのおおきさゆえに過剰な反発を招きもした。自明視された境界上に侵襲作用を発生させ、複数領域の批評の地図をみずからの動作によってすこしずつ、ときにいっきに組み替えていく。それが三木のとった戦略だった。

一九三四年七月、三木は『人間学的文学論』（改造社）を刊行する——本書にはそこから「レトリックの精神」と「ネオヒューマニズムの問題と文学」の二本を収録してある。後記に三木はこう書いた。

文学の研究者を哲学の研究に、哲学の研究者を文学の研究に、若干なりとも刺戟することともなり得たならば、仕合せである。我が国においても文学と哲学との間に、一層内面的な、生命的な、相互の連関、交渉が打建てられるようになることは、私のかねての希望であるからである。

じっさい、同書は「文芸復興叢書」の一冊として刊行され、文芸評論という形式をとってはいるけれど、一見したところ文学とは縁どおい哲学論文が目次の半数ちかくを占める、いわばシャッフルスタイルになっている。その構成じたいに三木の批評観の一端があらわれていた——小林ならそれを「勝手に文学と哲学との混血児を製造したらいいではないか」と揶揄するだろう（「レオ・シェストフの『悲劇の哲学』」『文藝春秋』一九三三年四月号）。このハイブリッド性を執筆ジャンルの横断というかたちではなく、ひとつのテキストの内部で体現してみせたのが『人生論ノート』だった。本書に収録された文芸批評の数々は、いわばそこにいたるまでの軌跡を記録したドキュメントにもなっている。そして、小林秀雄の尋常ならざる非難を引き出すほどに論理明快であり、だからこそ、当時の文学状況を復元するうえでまたとないアーカイブたりえている。そして、読者は中絶してしまった批評のスタイルやテーマをここにいくつも発見することになるだろう。

三木と小林が本格的に批評活動を開始した一九三〇年前後の日本の言論空間。そこには、いくつもの批評の系譜が可能態として胚胎していた。のちに神話化されることになる「小林秀雄」もそのなかの一部にすぎなかった。そして、小林はひとり孤絶した場所で批評を完成させたのでは決してない。戦前期の日本哲学の第一人者と誰もが認める「三木清」にしてもそれはまったく同じだ。三木清が存在しなければ小林秀雄の批評は成立しえなかったし、その反対もまたいえる。なにも三木と小林の組合せにかぎらない。同型の関係はいたるところから発掘されるだろう。ジャンルの区分によって事後には不可視化されてしまう、そんな交錯のポイントを復元すること。その対話の軌跡に耳をかたむけること。場合によっては、その対話に擬似的に参入しようと果敢に試みること。〝批評再生〟の足掛かりはそんな地道な作業をとおして以外に獲得されることはない。

＊＊＊

さて、最後に本書の構成を記しておこう。

本書は哲学者で批評家の三木清が膨大に書き残したテキストのなかから、「文学」や「批評」に関連するものを二七本ピックアップしたアンソロジーである。便宜的に、Ⅰ「批評論」、Ⅱ「文学論」、Ⅲ「状況論」の三部構成とし、各部九本ずつ発表順に配列されている（発表年月は逐一の文末および「初出一覧」に記した）。先行して講談社文芸文庫から刊行された『三木清教養論集』『三木清大学論集』の二冊と同様、論文とエッセイ、あるいはその中間的な文章を意図的に混在させてある。長短／硬軟問わず、テキスト同士のいたる局面で相互の連絡線が走っている様子を陰に陽に見出せるはずだ。そのとき、本書は単なるアンソロジーではない別の姿を読者の前にあらわすだろう。かつての〝危機の時代〟に思考を突きつめた三木清の言葉を何度でも蘇生させ、あ、ら、ゆ、る時代の批評再生のヒントにしてもらうことを願う。

なお、この解説における引用箇所（ただし日記をのぞく）もふくめ、本書では旧字体を新字体に、歴史的仮名遣いを現代仮名遣いにそれぞれ改めた。来たるべき読者の便宜をはかるための処置である。ご理解をたまわりたい。

年譜

三木清

一八九七年（明治三〇年）
一月五日、兵庫県揖保郡（現・たつの市）平井村に、父・栄吉、母・しんの長男として生まれる。弟四人、妹三人。生家は農家で、かつて米穀を商い、比較的裕福な方であった。

一九〇三年（明治三六年）　六歳
三月、揖保郡平井尋常小学校に入学。

一九〇七年（明治四〇年）　一〇歳
高等小学校に進学。

一九〇九年（明治四二年）　一二歳
四月、兵庫県立龍野中学校に入学。

一九一〇年（明治四三年）　一三歳
この頃、ツルゲーネフの翻訳などもしていた国語教諭・寺田喜治郎の影響で、読書と文学に目覚め、副読本だったことがきっかけとなり、徳冨蘆花を耽読し始める。

一九一一年（明治四四年）　一四歳
漢詩を習う。

一九一二年（明治四五年・大正元年）　一五歳
この頃、友人と共に文芸の回覧雑誌を作成。各種文芸雑誌のほか、山路愛山の史伝類も愛読した。

一九一三年（大正二年）　一六歳
友人の影響で永井潜『生命論』や丘浅次郎『進化論講話』などを読み、生命について関心を抱き、後年の哲学研究を志す下地となった。文芸部委員となり、学生歌を作詞する。一時期、校歌にもなった。この頃から、文学から哲学への関心を強くし始める。

一九一四年（大正三年）一七歳
九月、上京して、第一高等学校に入学。宗教に惹かれ、聖書や親鸞『歎異鈔』などに親しむ。

一九一六年（大正五年）一九歳
哲学講読会を始める。西田幾多郎『善の研究』に強い感銘を受け、西田が在任する京大へ進学し、哲学の道を志すことを決める。

一九一七年（大正六年）二〇歳
第一高等学校を卒業。七月、西田幾多郎を訪問、終生の師弟関係が始まる。九月、京都帝国大学文学部哲学科に入学。京都に下宿する。哲学講座担当教授だった西田幾多郎に師事する。その他、在学中は波多野精一（宗教学）、深田康算（美学美術史学）らの授業・指導に強い感化を受ける。特に、西田の新しい論文はすぐに読み、そこに引用された文献にも目を通し、研鑽を積んでいった。同時期の西田幾多郎門下には、務台理作、三宅剛一、やや遅れて木村素衛、高坂正顕などがいた。

一九一八年（大正七年）二一歳
この頃、左右田喜一郎『経済哲学の諸問題』を熟読。その後は経済関係の著作にも多く触れた。

一九一九年（大正八年）二二歳
八月より東北帝国大学から助教授として転任してきた田辺元にも学ぶ。谷川徹三、林達夫らとも親交する。

一九二〇年（大正九年）二三歳
四月、徴兵検査を受ける（第二乙種）。五月、公的に発表する初の論考となる「個性について」を「哲学研究」に。カントを論じた卒業論文「批判哲学と歴史哲学」を提出（九月、「哲学研究」に掲載）。七月、優秀な成績で、京都帝国大学を卒業。九月、同大学大学院に進学。研究テーマは歴史哲学。大谷大学、龍谷大学で講師をつとめる。

一九二一年（大正一〇年）二四歳

教育召集を受ける。三ヵ月間、姫路の歩兵第十連隊にて軍隊生活を送る。

一九二二年（大正一一年）二五歳

五月、波多野精一の推薦と、岩波茂雄の支援を受けてドイツに留学する。ハイデルベルク大学でハインリヒ・リッケルトに師事し、歴史哲学を学ぶ。同じく留学中だった歴史家・羽仁五郎と親しくなる。その他、天野貞祐、九鬼周造らの知遇も得る。

一九二三年（大正一二年）二六歳

五月、リッケルトの紹介で「日本の哲学に対するリッケルトの意義」を現地の「フランクフルト新聞」に。秋、マールブルク大学に移る。ハイデガーに師事。またこの頃、ハイデガーの助手をしていたカール・レーヴィットとも知り合う。

一九二四年（大正一三年）二七歳

三月、編集者に宛てた通信が「消息一通」として「思想」に。八月、パリに移住。芹沢光治良と交流。パスカル研究に目覚める。この年を中心に、集中して、五本のエルンスト・ホフマンのギリシア哲学に関する論考を「思想」に翻訳する。

一九二五年（大正一四年）二八歳

五月、パスカル研究の第一論考となる「パスカルと生の存在論的解釈」を「思想」に（単行本時に「人間の分析」に改題）。続けて、三本のパスカル論を同誌に発表していく。一〇月、留学から帰国。

一九二六年（大正一五年・昭和元年）二九歳

京都に下宿し、戸坂潤ら後輩と講読会を通じ交流する。四月、第三高等学校講師に就任。京都大学、龍谷大学でも教鞭をとる。六月、パスカル論をまとめた処女作『パスカルに於ける人間の研究』（岩波書店）刊。母・しん死去。西田幾多郎の推薦で河上肇のためにヘーゲル研究を手伝う。この頃、岩波書店に勤める岩波茂雄の女婿・小林勇と知りあう。

一九二七年（昭和二年）　三〇歳

四月、法政大学文学部哲学科主任教授に就任。京大文学部哲学科の助教授の職につくことが叶わずの東京移住だった。日本大学、大正大学でも教鞭をとる。六月、唯物史観に関する第一論考となる「人間学のマルクス的形態」を「思想」に。七月、岩波書店の各種編集協力を始める。岩波茂雄のもと、小林勇、長田幹雄らと「岩波文庫」の出版企画に尽力し、小文「読書子に寄す——岩波文庫発刊に際して」の草案を作る。発案に関わった「岩波文庫」が創刊される。翻訳「純粋認識の論理学」（コーヘン）を「学苑」に連載（翌年六月まで）。一二月、翌年一月半ばまで岩波茂雄と共に朝鮮半島、中国北部を訪れる。

一九二八年（昭和三年）　三一歳

二月、林達夫、羽仁五郎と共同編集した岩波講座『世界思潮』刊。五月、『唯物史観と現代の意識』（岩波書店）刊。七月、南満州鉄道の招きで訪満、各地で講演を行う。一〇月、小林勇が独立して起こす新興科学社（翌年四月に鉄塔書院を創立）を支援する。同社から、羽仁五郎との共同編集による月刊雑誌「新興科学の旗のもとに」（第一三号まで）を発刊。「科学批判の課題」を創刊号に。以後、毎号のように同誌に論考を発表していく。

一九二九年（昭和四年）　三二歳

二月、前年一二月に発表された批判（「唯物弁証法と唯物史観」）を発端とする服部之総との論争へつながる「唯物論とその現実形態」を「新興科学の旗のもとに」に。四月、東畑喜美子と結婚。『社会科学の予備概念』（鉄塔書院）刊。六月、『史的観念論の諸問題』（岩波書店）刊。八月、清沢洌の呼びかけで始まった勉強会「二七会」に参加。メンバーは「中央公論」の常連執筆者で、徳田秋声、長谷川如是閑、石橋湛山、谷川徹三、正宗白鳥などがいた。一〇月、「啓蒙文学論」を「改造」に。秋田雨雀らのプロレタリア科学研究所の創設に参加する。一一月、同研究所の機関誌「プロレタリア科学」の編集長となる。

一九三〇年（昭和五年）　三三歳

三月、「文芸時評」を「読売新聞」に（二五日から二八日、三〇日）。五月、日本共産党への資金提供をめぐり、治安維持法で検挙されるも一旦釈放。この事件のため、法政大学教授の退任を余儀なくされる。六月、山崎謙、秋沢修二との鼎談「唯物論は如何にして観念化されたか」を「思想」に。七月、起訴を受けて豊多摩刑務所に勾留される。翻訳を手がけた岩波文庫『ドイッチェ・イデオロギー』（マルクス、エンゲルス）刊。八月、プロレタリア科学研究所が三木を批判する編集部巻頭論文「哲学に対するわれわれの態度—三木哲学に関するテーゼ」を発表。勾留中に「非マルクス主義者」であるとし除名処分を受ける。一〇月、長女・洋子が生まれる。一一月、執行猶予付の判決を受けて釈放される。

一九三一年（昭和六年）　三四歳

二月、没後百年を記念し設立された国際ヘーゲル連盟の日本支部代表に就任。五月、同連盟の依頼を受けて編集した『ヘーゲルとヘーゲル主義』（岩波書店）刊。六月、『観念形態論』（鉄塔書院）刊。一一月、企画した岩波講座『哲学』（全一八巻）刊。

一九三二年（昭和七年）　三五歳

四月、『歴史哲学』（岩波書店）刊。六月、座談会「西田博士に聴く」を「読売新聞」に（二一日から二五日）。七月、「文学の真について」を「改造」に。

一九三三年（昭和八年）　三六歳

一月、「現代階級闘争の文学」（岩波講座『日本文学』）が発禁処分を受ける。五月、長谷川如是閑らとナチスの焚書への抗議声明を発表。六月、『危機に於ける人間の立場』（鉄塔書院）刊。七月、京大滝川事件も背景に、徳田秋声（会長）、豊島與志雄、広津和郎、秋田雨雀らと共に知識人による反ファシズムの組織「学芸自由連盟」を結成。ここで中島健蔵と出会う。九月、「美術時評」を「都新聞」に（全五回）。

一九三四年（昭和九年）　三七歳

一月、「論壇時評」を「読売新聞」に（二六日から二八日、三〇日）。七月、『人間学的文学論』（改造社）刊。九月、文壇的にも注目された「シェストフ的不安について」を「改造」に。一二月、編集をつとめた『シェストフ選集』（改造社）刊行開始。

一九三五年（昭和一〇年）　三八歳

一月、文化学院講師を担当し始める。三月、「読売新聞」夕刊にてコラム「一日一題」欄の執筆担当を始める（週一回）、第一回は「政治の過剰」。翻訳「時代の子とまま子ースピノザの歴史的運命」を『シェストフ選集2』（改造社）に。六月、小林勇と企画協力した『大思想文庫』（岩波書店、全二六巻）刊行開始。同文庫第一弾として『アリストテレス形而上学』刊。豊島與志雄、横光利一、川端康成、河上徹太郎らとの座談会「『純粋小説』を語る」を「作品」に。一〇月、西田幾多郎との対談「日本文化の特質」を「読売新聞」に（一三日、一五日から一六日）。

一九三六年（昭和一一年）　三九歳

一月、日本ペン倶楽部出版企画委員に就任。二月、二・二六事件に際し、身の危険を避けて三重に一時避難。四月、国際著作権協議会幹事に就任。八月、妻・喜美子死去。九月、西田幾多郎との対談「ヒューマニズムの現代的意義」を「読売新聞」に（六日、八日から一一日まで）。編者をつとめた『現代哲学辞典』（日本評論社）刊。一一月、青野季吉、戸坂潤、小林秀雄、林房雄らとの座談会「現代青年論」を「文學界」に。一二月、「読売新聞」に連載したコラム「一日一題」をまとめた『時代と道徳』（作品社）刊。

一九三七年（昭和一二年）四〇歳

二月、谷川徹三、戸坂潤、小林秀雄らとの座談会「現代文学の日本的動向」を「文學界」に。三月、小林秀雄の奨めで「文學界」同人となる。五月、「構想力の論理」初回となる「神話（上）―構想力の論理に就いて」を「思想」に連載開始（「神話」は七月まで、「制度」は一〇月まで、「技術」は翌年二月から五月）。六月、萩原朔太郎、阿部知二らとの座談会「読書と教養のために」を「文藝」に。幸田露伴の文化勲章受章祝賀会に出席し、スピーチを行う。七月、妻の一周忌を記念し追悼文集『影なき影』（私家版）を編集し、「幼き者のために」「後記」を執筆。九月、河上徹太郎、阿部知二、青野季吉らとの座談会「現代人の建設」を「文學界」に。この年から、近衛文麿のブレーンとしての政策集団「昭和研究会」に参加。同研究会が行う「七日会」なる会合に招かれ、「支那事変の世界史的意義」を講じたのがきっかけだった。後に、文化部門の責任者として指導的な役割を果し、「東亜協同体」論を展開していく。また研究会内組織の文化委員長もつとめた。委員メンバーには、加田哲二、清水幾太郎、中島健蔵などがいた。

一九三八年（昭和一三年）四一歳

二月、豊島與志雄の奨めで河出書房の顧問となる。翌月にかけて、岩波書店で社員向けに哲学入門の講義を一三回行う。三年後に刊行される『哲学ノート』はこの速記録にもとづく。四月、多摩帝国美術学校講師となる。五月、豊島與志雄、中島健蔵と共に雑誌「知性」を発刊、「新時代の知性」を創刊号に。講座『廿世紀思想』（河出書房）の編者をつとめる。六月、「人生論ノート」を「文學界」に連載開始（一六年九月まで、全二一回）。八月、阿部知二、島木健作との鼎談「文化と自然」を「文學界」に。一〇月、『アリストテレス』（岩波書店）刊。一一月、編集・企画に協力した岩波新書が創刊される。この年、改造社の顧問をつとめた原勝が会長となり創設された日本青年外交協会の顧問となる。

一九三九年（昭和一四年）四二歳

一月、「哲学ノート」を「知性」に連載開始（九月まで）。河上徹太郎、今日出海との鼎談「廿世紀とは如何なる時代か」を「文學界」に。二月、「読売新聞」に連載したコラム「一日一題」をまとめた『現代の記録』（作品社）刊。五月、司会をつとめた、辰野隆らとの座談会「読書界の傾向を語る」を「日本評論」に。六月、『ソクラテス』（岩波書店）刊。七月、長与善郎、阿部知二らとの座談会「宗教と現代」を「文學界」に。「思想」に連載した三章分をまとめた『構想力の論理　第一』（岩波書店）刊。一一月、小林いと子と再婚。この年から、「中央公論」の無署名の巻頭言執筆者の一人となる。

一九四〇年（昭和一五年）四三歳

三月、岩波新書『哲学入門』刊。すぐに一〇万部を超えるベストセラーとなる。中央公論社の依頼で訪中。四月、末弟・建が中国で戦死。八月、満州政府の招きで二ヵ月間、満州に滞在。視察や講演を行う。中学時代の恩師で満州政府にて教科書編纂の主任をしていた寺田喜治郎の斡旋によるものだった。約一年の中断を経て、「構想力の論理」続編にあたる「経験（二）―構想力の論理に就いて」を

「思想」に連載再開。一一月、岸田国士、谷川徹三、豊島與志雄との座談会「新文化の発足」を「都新聞」に（二日から一二日まで）。一二月、岸田国士らとの座談会「文化問題を語る」を「日本評論」に。この頃、昭和研究会が組織した「昭和塾」のトップとして尾崎秀実らと活動を共にする。

一九四一年（昭和一六年）四四歳

一月、座談会「新体制運動と国語の統一」を「読売新聞」に（一四日から翌月一日まで）。三月、「哲学はどう学んでゆくか」を「図書」に連載（五月まで）。編者をつとめた『新版現代哲学辞典』（日本評論社）刊。四月、司会をつとめた、読者参加の座談会「政治と生活」を「改造」時局版に。中山伊知郎、永田清との共編『社会科学新辞典』（河出書房）刊。六月、「読書遍歴」を「文藝」に連載（四二年一月まで）。八月、小林秀雄との対談「実験的精神」を「文藝」に。「文學界」に連載した人生論のエッセイを整理した随筆集『人生論ノート』（創元社）刊。一一月、『哲学ノート』（河出書房）刊。一二月、高坂正顕との対談「民族の哲学」を「文藝」に。

一九四二年（昭和一七年）四五歳

一月、「戦時認識の基調」を「中央公論」に。これが軍部の目にとまり、以後、主要な綜合雑誌に評論が掲載されなくなる。三月、陸軍宣伝班員として約一〇ヵ月間、マニラに赴任（徴用時の様子に材をとった小説に今日出海「三木清に於ける人間の研究」がある）。徴用メンバーには尾崎士郎、火野葦平、上田広などがいた。三月、『知識哲学』（小山書店）刊、『学問と人生』（中央公論社）刊。四月、論文集『続哲学ノート』（河出書房）刊。六月、随筆集『読書と人生』（小山書店）刊。九月、『技術哲学』（岩波書店）刊。一二月、マニラから帰国。

一九四三年（昭和一八年）　四六歳

二月、マニラ徴用中に現地雑誌「南十字星」に連載した「比島人の東洋的性格」が「改造」に転載される。三月、「フィリッピン」を「中央公論」に。中島健蔵との対談「大東亜文化」を「文藝」に。徴用により中断していた「経験―構想力の論理に就いて」を「思想」に連載再開。四月、妹・はるみ死去。一二月、編纂代表をつとめた『比島風土記』（小山書店）刊。

一九四四年（昭和一九年）　四七歳

三月、妻・いと子死去。娘・洋子と共に埼玉県へ疎開する。一一月、「現代民族論の課題」を『民族科学大系1』（育英出版）に。

一九四五年（昭和二〇年）　四八歳

三月、警視庁に検挙される。六月、治安維持法違反容疑の共産党員・高倉輝をかくまい逃亡させた容疑で、拘留処分により巣鴨の東京拘置所に送られる。その後、豊多摩刑務所に移送される。九月二六日、拘置所内で獄死。

一九四六年（昭和二一年）　没後一年

一月、遺稿「親鸞」の一部が「展望」に。四月、『文学史方法論』（岩波書店）刊。六月、『構想力の論理　第二』（岩波書店）刊。九月、『三木清著作集』（岩波書店、全一六巻）刊行開始。この年、警視庁に押収されていた「親鸞」のさらなる一部と、デカルト『省察』の訳稿が遺族に返却される。

本年譜は、略年譜として新たに作成した。『三木清全集20』（岩波書店、一九八六）所収の「年譜」のほか、『三木清エッセンス』（こぶし書房、二〇〇〇）、宮川透『三木清』（東京大学出版会、二〇〇〇）、永野基綱『三木清』（清水書院、二〇〇九）などに収載されたものも参照させて頂いた。

（柿谷浩一・編）

本書は『三木清全集』11〜13、16、19（一九六七年八〜一〇、一九六八年一・五月、岩波書店刊）を底本として使用し、新漢字新かなづかいに改めました。また、底本中明らかな誤りは正しました。

三木清《みききよし》文芸批評《ぶんげいひひょう》集《しゅう》　大澤聡《おおさわさとし》編《へん》

二〇一七年九月八日第一刷発行

三木清《みききよし》

発行者――鈴木　哲
発行所――株式会社　講談社
東京都文京区音羽2・12・21　〒112-8001
電話　編集（03）5395・3513
販売（03）5395・5817
業務（03）5395・3615

デザイン――菊地信義
印刷――豊国印刷株式会社
製本――株式会社国宝社
本文データ制作――講談社デジタル製作
2017, Printed in Japan
定価はカバーに表示してあります。

落丁本・乱丁本は購入書店名を明記のうえ、小社業務宛にお送りください。送料は小社負担にてお取替えいたします。なお、この本の内容についてのお問い合せは文芸文庫（編集）宛にお願いいたします。
本書のコピー、スキャン、デジタル化等の無断複製は著作権法上での例外を除き禁じられています。本書を代行業者等の第三者に依頼してスキャンやデジタル化することはたとえ個人や家庭内の利用でも著作権法違反です。

講談社
文芸文庫

ISBN978-4-06-290359-2

講談社文芸文庫

庄野潤三 ―野鴨	小池昌代―解／助川徳是―年
庄野潤三 ―陽気なクラウン・オフィス・ロウ	井内雄四郎-解／助川徳是―年
庄野潤三 ―ザボンの花	富岡幸一郎-解／助川徳是―年
庄野潤三 ―鳥の水浴び	田村 文――解／助川徳是―年
庄野潤三 ―星に願いを	富岡幸一郎-解／助川徳是―年
笙野頼子 ―幽界森娘異聞	金井美恵子-解／山崎眞紀子-年
笙野頼子 ―猫道 単身転々小説集	平田俊子―解／山崎眞紀子-年
白洲正子 ―かくれ里	青柳恵介―人／森 孝――年
白洲正子 ―明恵上人	河合隼雄―人／森 孝――年
白洲正子 ―十一面観音巡礼	小川光三―人／森 孝――年
白洲正子 ―お能|老木の花	渡辺 保――人／森 孝――年
白洲正子 ―近江山河抄	前 登志夫―人／森 孝――年
白洲正子 ―古典の細道	勝又 浩――人／森 孝――年
白洲正子 ―能の物語	松本 徹――人／森 孝――年
白洲正子 ―心に残る人々	中沢けい―人／森 孝――年
白洲正子 ―世阿弥 ―花と幽玄の世界	水原紫苑―人／森 孝――年
白洲正子 ―謡曲平家物語	水原紫苑―解／森 孝――年
白洲正子 ―西国巡礼	多田富雄―解／森 孝――年
白洲正子 ―私の古寺巡礼	高橋睦郎―解／森 孝――年
白洲正子 ―[ワイド版]古典の細道	勝又 浩――人／森 孝――年
杉浦明平 ―夜逃げ町長	小嵐九八郎-解／若杉美智子-年
鈴木大拙訳-天界と地獄 スエデンボルグ著	安藤礼二―解／編集部――年
鈴木大拙 ―スエデンボルグ	安藤礼二―解／編集部――年
青鞜社編 ―青鞜小説集	森 まゆみ―解
曽野綾子 ―雪あかり 曽野綾子初期作品集	武藤康史―解／武藤康史―年
高井有一 ―時の潮	松田哲夫―解／武藤康史―年
高橋源一郎-さようなら、ギャングたち	加藤典洋―解／栗坪良樹―年
高橋源一郎-ジョン・レノン対火星人	内田 樹――解／栗坪良樹―年
高橋源一郎-虹の彼方《オーヴァー・ザ・レインボウ》に	矢作俊彦―解／栗坪良樹―年
高橋源一郎-ゴーストバスターズ 冒険小説	奥泉 光――解／若杉美智子-年
高橋たか子-誘惑者	山内由紀人-解／著者――年
高橋たか子-人形愛|秘儀|甦りの家	富岡幸一郎-解／著者――年
高橋英夫 ―新編 疾走するモーツァルト	清水 徹――解／著者――年
高見順 ――如何なる星の下に	坪内祐三―解／宮内淳子―年

▶解=解説　案=作家案内　人=人と作品　年=年譜を示す。　2017年9月現在

講談社文芸文庫

高見順——死の淵より　井坂洋子——解／宮内淳子——年
高見順——わが胸の底のここには　荒川洋治——解／宮内淳子——年
高見沢潤子-兄 小林秀雄との対話 人生について
武田泰淳—蝮のすえ｜「愛」のかたち　川西政明——解／立石 伯——案
武田泰淳—司馬遷—史記の世界　宮内 豊——解／古林 尚——年
武田泰淳—風媒花　山城むつみ-解／編集部——年
竹西寛子—式子内親王｜永福門院　雨宮雅子——人／著者——年
太宰 治——男性作家が選ぶ太宰治　編集部——年
太宰 治——女性作家が選ぶ太宰治
太宰 治——30代作家が選ぶ太宰治　編集部——年
多田道太郎-転々私小説論　山田 稔——解／中村伸二——年
田中英光—桜｜愛と青春と生活　川村 湊——解／島田昭男——案
田中英光—空吹く風｜暗黒天使と小悪魔｜愛と憎しみの傷に 田中英光デカダン作品集 道籏泰三編　道籏泰三——解／道籏泰三——年
谷川俊太郎-沈黙のまわり 谷川俊太郎エッセイ選　佐々木幹郎-解／佐藤清文——年
谷崎潤一郎-金色の死 谷崎潤一郎大正期短篇集　清水良典——解／千葉俊二——年
種田山頭火-山頭火随筆集　村上 護——解／村上 護——年
田宮虎彦—足摺岬 田宮虎彦作品集　小笠原賢二-解／森本昭三郎-年
田村隆一—腐敗性物質　平出 隆——人／建畠 晢——年
多和田葉子-ゴットハルト鉄道　室井光広——解／谷口幸代——年
多和田葉子-飛魂　沼野充義——解／谷口幸代——年
多和田葉子-かかとを失くして｜三人関係｜文字移植　谷口幸代——解／谷口幸代——年
近松秋江—黒髪｜別れたる妻に送る手紙　勝又 浩——解／柳沢孝子——案
塚本邦雄—定家百首｜雪月花（抄）　島内景二——解／島内景二——年
塚本邦雄—百句燦燦 現代俳諧頌　橋本 治——解／島内景二——年
塚本邦雄—王朝百首　橋本 治——解／島内景二——年
塚本邦雄—西行百首　島内景二——解／島内景二——年
塚本邦雄—花月五百年 新古今天才論　島内景二——解／島内景二——年
塚本邦雄—秀吟百趣　島内景二——解
塚本邦雄—珠玉百歌仙　島内景二——解
塚本邦雄—新撰 小倉百人一首　島内景二——解
辻 邦生——黄金の時刻の滴り　中条省平——解／井上明久——年
辻 潤———絶望の書｜ですぺら 辻潤エッセイ選　武田信明——解／高木 護——年
津島美知子-回想の太宰治　伊藤比呂美-解／編集部——年

講談社文芸文庫

中上健次 ―水の女　前田 塁―解／藤本寿彦―年
中上健次 ―地の果て 至上の時　辻原 登―解
中川一政 ―画にもかけない　高橋玄洋―人／山田幸男―年
中沢けい ―海を感じる時|水平線上にて　勝又 浩―解／近藤裕子―案
中沢けい ―女ともだち　角田光代―解／近藤裕子―年
中沢新一 ―虹の理論　島田雅彦―解／安藤礼二―年
中島 敦 ―光と風と夢|わが西遊記　川村 湊―解／鷺 只雄―案
中島 敦 ―斗南先生|南島譚　勝又 浩―解／木村一信―案
中薗英助 ―北京飯店旧館にて　藤井省三―解／立石 伯―年
中野重治 ―村の家|おじさんの話|歌のわかれ　川西政明―解／松下 裕―案
中野重治 ―斎藤茂吉ノート　小高 賢―解
中原中也 ―中原中也全詩歌集 上・下 吉田凞生編　吉田凞生―解／青木 健―案
中村真一郎-死の影の下に　加賀乙彦―解／鈴木貞美―案
中村光夫 ―二葉亭四迷伝 ある先駆者の生涯　絓 秀実―解／十川信介―案
中村光夫 ―風俗小説論　千葉俊二―解／金井景子―年
中村光夫選-私小説名作選 上・下 日本ペンクラブ編
中村光夫 ―谷崎潤一郎論　千葉俊二―解／金井景子―年
夏目漱石 ―思い出す事など|私の個人主義|硝子戸の中　石﨑 等―年
西脇順三郎-野原をゆく　新倉俊一―人／新倉俊一―年
西脇順三郎-*ambarvalia*|旅人かへらず　新倉俊一―人／新倉俊一―年
日本文藝家協会編-現代小説クロニクル1975～1979　川村 湊―解
日本文藝家協会編-現代小説クロニクル1980～1984　川村 湊―解
日本文藝家協会編-現代小説クロニクル1985～1989　川村 湊―解
日本文藝家協会編-現代小説クロニクル1990～1994　川村 湊―解
日本文藝家協会編-現代小説クロニクル1995～1999　川村 湊―解
日本文藝家協会編-現代小説クロニクル2000～2004　川村 湊―解
日本文藝家協会編-現代小説クロニクル2005～2009　川村 湊―解
日本文藝家協会編-現代小説クロニクル2010～2014　川村 湊―解
野口冨士男-なぎの葉考|少女 野口冨士男短篇集　勝又 浩―解／編集部―年
野口冨士男-風の系譜　川本三郎―解／平井一麥―年
野口冨士男-感触的昭和文壇史　川村 湊―解／平井一麥―年
野坂昭如 ―人称代名詞　秋山 駿―解／鈴木貞美―案
野坂昭如 ―東京小説　町田 康―解／村上玄一―年
野田宇太郎-新東京文学散歩 上野から麻布まで　坂崎重盛―解

講談社文芸文庫

福永武彦—死の島 上・下　富岡幸一郎-解／曾根博義—年
福永武彦—幼年　その他　池上冬樹—解／曾根博義—年
藤枝静男—悲しいだけ|欣求浄土　川西政明—解／保昌正夫—案
藤枝静男—田紳有楽|空気頭　川西政明—解／勝又 浩—案
藤枝静男—或る年の冬 或る年の夏　川西政明—解／小笠原 克—案
藤枝静男—藤枝静男随筆集　堀江敏幸—解／津久井 隆—年
藤枝静男—志賀直哉・天皇・中野重治　朝吹真理子-解／津久井 隆—年
藤枝静男—愛国者たち　清水良典—解／津久井 隆—年
富士川英郎-読書清遊 富士川英郎随筆選 高橋英夫編　高橋英夫—解／富士川義之-年
藤田嗣治—腕一本|巴里の横顔 藤田嗣治エッセイ選 近藤史人編　近藤史人—解／近藤史人—年
舟橋聖一—芸者小夏　松家仁之—解／久米 勲—年
古井由吉—雪の下の蟹|男たちの円居　平出 隆—解／紅野謙介—案
古井由吉—古井由吉自選短篇集 木犀の日　大杉重男—解／著者—年
古井由吉—槿　松浦寿輝—解／著者—年
古井由吉—山躁賦　堀江敏幸—解／著者—年
古井由吉—夜明けの家　富岡幸一郎-解／著者—年
古井由吉—聖耳　佐伯一麦—解／著者—年
古井由吉—仮往生伝試文　佐々木 中—解／著者—年
古井由吉—白暗淵　阿部公彦—解／著者—年
古井由吉—蜩の声　蜂飼 耳—解／著者—年
北條民雄—北條民雄 小説随筆書簡集　若松英輔—解／計盛達也—年
堀田善衞—歯車|至福千年 堀田善衞作品集　川西政明—解／新見正彰—年
堀 辰雄—風立ちぬ|ルウベンスの偽画　大橋千明—年
堀口大學—月下の一群（翻訳）　窪田般彌—解／柳沢通博—年
正岡子規—子規人生論集　村上 護—解／淺原 勝—年
正宗白鳥—何処へ|入江のほとり　千石英世—解／中島河太郎-年
正宗白鳥—世界漫遊随筆抄　大嶋 仁—解／中島河太郎-年
正宗白鳥—白鳥随筆 坪内祐三選　坪内祐三—解／中島河太郎-年
正宗白鳥—白鳥評論 坪内祐三選　坪内祐三—解
町田 康—残響 中原中也の詩によせる言葉　日和聡子—解／吉田凞生・著者-年
松浦寿輝—青天有月 エセー　三浦雅士—解／著者—年
松浦寿輝—幽|花腐し　三浦雅士—解／著者—年
松下竜一—豆腐屋の四季 ある青春の記録　小嵐九八郎-解／新木安利他-年
松下竜一—ルイズ 父に貰いし名は　鎌田 慧—解／新木安利他-年

松田解子	乳を売る|朝の霧 松田解子作品集	高橋秀晴——解／江崎 淳——年
丸谷才一	忠臣蔵とは何か	野口武彦——解
丸谷才一	横しぐれ	池内 紀——解
丸谷才一	たった一人の反乱	三浦雅士——解／編集部——年
丸谷才一	日本文学史早わかり	大岡 信——解／編集部——年
丸谷才一編	丸谷才一編・花柳小説傑作選	杉本秀太郎-解
丸谷才一	恋と日本文学と本居宣長|女の救はれ	張 競——解／編集部——年
丸山健二	夏の流れ 丸山健二初期作品集	茂木健一郎-解／佐藤清文——年
三浦朱門	箱庭	富岡幸一郎-解／柿谷浩一——年
三浦哲郎	拳銃と十五の短篇	川西政明——解／勝又 浩——案
三浦哲郎	野	秋山 駿——解／栗坪良樹——案
三浦哲郎	おらんだ帽子	秋山 駿——解／進藤純孝——案
三木清	読書と人生	鷲田清一——解／柿谷浩一——年
三木清	三木清教養論集 大澤聡編	大澤 聡——解／柿谷浩一——年
三木清	三木清大学論集 大澤聡編	大澤 聡——解／柿谷浩一——年
三木清	三木清文芸批評集 大澤聡編	大澤 聡——解／柿谷浩一——年
三木卓	震える舌	石黒達昌——解／若杉美智子-年
三木卓	K	永田和宏——解／若杉美智子-年
水上勉	才市|蓑笠の人	川村 湊——解／祖田浩一——案
三田文学会編	三田文学短篇選	田中和生——解
宮本徳蔵	力士漂泊 相撲のアルケオロジー	坪内祐三——解／著者——年
三好達治	測量船	北川 透——人／安藤靖彦——年
三好達治	萩原朔太郎	杉本秀太郎-解／安藤靖彦——年
三好達治	諷詠十二月	高橋順子——解／安藤靖彦——年
室生犀星	蜜のあわれ|われはうたえどもやぶれかぶれ	久保忠夫——解／本多 浩——案
室生犀星	加賀金沢|故郷を辞す	星野晃一——人／星野晃一——年
室生犀星	あにいもうと|詩人の別れ	中沢けい——解／三木サニア-案
室生犀星	哈爾濱詩集|大陸の琴	三木 卓——解／星野晃一——年
室生犀星	深夜の人|結婚者の手記	高瀬真理子-解／星野晃一——年
室生犀星	かげろうの日記遺文	佐々木幹郎-解／星野晃一——解
室生犀星	我が愛する詩人の伝記	鹿島 茂——解／星野晃一——年
森敦	われ逝くもののごとく	川村二郎——解／富岡幸一郎-案
森敦	浄土	小島信夫——解／中村三春——案
森敦	われもまた おくのほそ道	高橋英夫——解／森 富子——年

講談社文芸文庫

目録・18

著者	タイトル	解説	年譜/案内
吉田健一	ヨオロッパの人間	千石英世―人	藤本寿彦―年
吉田健一	乞食王子	鈴村和成―人	藤本寿彦―年
吉田健一	東西文学論｜日本の現代文学	島内裕子―人	藤本寿彦―年
吉田健一	文学人生案内	高橋英夫―人	藤本寿彦―年
吉田健一	時間	高橋英夫―解	藤本寿彦―年
吉田健一	旅の時間	清水 徹―解	藤本寿彦―年
吉田健一	ロンドンの味 吉田健一未収録エッセイ 島内裕子編	島内裕子―解	藤本寿彦―年
吉田健一	吉田健一対談集成	長谷川郁夫―解	藤本寿彦―年
吉田健一	文学概論	清水 徹―解	藤本寿彦―年
吉田健一	文学の楽しみ	長谷川郁夫―解	藤本寿彦―年
吉田健一	交遊録	池内 紀―解	藤本寿彦―年
吉田健一	おたのしみ弁当 吉田健一未収録エッセイ 島内裕子編	島内裕子―解	藤本寿彦―年
吉田健一	英国の青年 吉田健一未収録エッセイ 島内裕子編	島内裕子―解	藤本寿彦―年
吉田健一	[ワイド版]絵空ごと｜百鬼の会	高橋英夫―解	勝又 浩―案
吉田健一	昔話	島内裕子―解	藤本寿彦―年
吉田知子	お供え	荒川洋治―解	津久井 隆―年
吉田秀和	ソロモンの歌｜一本の木	大久保喬樹―解	
吉田 満	戦艦大和ノ最期	鶴見俊輔―解	古山高麗雄―案
吉田 満	[ワイド版]戦艦大和ノ最期	鶴見俊輔―解	古山高麗雄―案
吉村 昭	月夜の記憶	秋山 駿―解	木村暢男―年
吉本隆明	西行論	月村敏行―解	佐藤泰正―案
吉本隆明	マチウ書試論｜転向論	月村敏行―解	梶木 剛―案
吉本隆明	吉本隆明初期詩集	著者―解	川上春雄―案
吉本隆明	吉本隆明対談選	松岡祥男―解	高橋忠義―年
吉本隆明	書物の解体学	三浦雅士―解	高橋忠義―年
吉本隆明	マス・イメージ論	鹿島 茂―解	高橋忠義―年
吉本隆明	写生の物語	田中和生―解	高橋忠義―年
吉屋信子	自伝的女流文壇史	与那覇恵子―解	武藤康史―年
吉行淳之介	暗室	川村二郎―解	青山 毅―案
吉行淳之介	星と月は天の穴	川村二郎―解	荻久保泰幸―案
吉行淳之介	やわらかい話2 吉行淳之介対談集 丸谷才一編		久米 勲―年
吉行淳之介	街角の煙草屋までの旅 吉行淳之介エッセイ選	久米 勲―解	久米 勲―年
吉行淳之介	詩とダダと私と	村松友視―解	久米 勲―年
吉行淳之介編	酔っぱらい読本	徳島高義―解	

講談社文芸文庫

吉行淳之介編	続・酔っぱらい読本	坪内祐三──解
吉行淳之介編	最後の酔っぱらい読本	中沢けい──解
吉行淳之介	[ワイド版]私の文学放浪	長部日出雄-解／久米 勲──年
李恢成	サハリンへの旅	小笠原 克──解／紅野謙介──案
李恢成	流域へ 上・下	姜 尚 中──解／著者──年
リービ英雄	星条旗の聞こえない部屋	富岡幸一郎-解／著者──年
リービ英雄	天安門	富岡幸一郎-解／著者──年
早稲田文学 市川真人編	早稲田作家処女作集	市川真人──解
和田芳恵	ひとつの文壇史	久米 勲──解／保昌正夫──年

講談社文芸文庫

芥川龍之介　谷崎潤一郎
文芸的な、余りに文芸的な／饒舌録 ほか　芥川vs.谷崎論争　千葉俊二編
解説=千葉俊二
昭和二年、芥川自害の数ヵ月前に始まった〝筋のない小説〟を巡る論争。二人の応酬を発表順に配列し、発端となった合評会と小説、谷崎の芥川への追悼文を収める。
978-4-06-290358-5　あH3

日野啓三
天窓のあるガレージ
解説=鈴村和成　年譜=著者
日常から遠く隔たった土地の歴史、自然に身を置く「私」が再発見する場所——都市幻想小説群の嚆矢となった表題作を始め、転形期のスリルに満ちた傑作短篇集。
978-4-06-290360-8　ひA7

三木　清
三木清文芸批評集　大澤　聡編
解説=大澤　聡　年譜=柿谷浩一
昭和初期の哲学者にしてジャーナリストの三木清はまた、稀代の文芸批評家でもあった。批評論・文学論・状況論の三部構成で、その豊かな批評眼を読み解く。
978-4-06-290359-2　みL4